U0930684

人是可以
越活越好的

人是可以越过越好的

肖骁 著

图书在版编目（CIP）数据

人是可以越过越好的 / 肖骁著. -- 南京 : 江苏凤凰文艺出版社, 2025. 9. -- ISBN 978-7-5808-0004-6

Ⅰ. I267

中国国家版本馆CIP数据核字第2025VH4167号

人是可以越过越好的

肖 骁 著

责任编辑 项雷达
选题策划 孙文霞 刘文文
特约编辑 刘文文
装帧设计 所以设计馆
责任印制 杨 丹
出版发行 江苏凤凰文艺出版社
南京市中央路 165 号，邮编：210009
网 址 http://www.jswenyi.com
印 刷 唐山富达印务有限公司
开 本 880 毫米 ×1230 毫米 1/32
印 张 11.25
字 数 187 千字
版 次 2025 年 9 月第 1 版
印 次 2025 年 9 月第 1 次印刷
书 号 ISBN 978-7-5808-0004-6
定 价 68.00 元

推荐序

肖骁是个松弛的人。

一个多月前，他邀请我为他的新书写几句话，一条微信之后就再没催过我，以至于我都蒙了，到底还要不要写啊？

和肖骁相识于10年前我参与的一档演讲竞赛类节目，他是我战队的选手。那个舞台上的他，有着所有新人都有的怯生生的样子，碰到不友善的人在舞台上挑衅他，他也只是抵挡却并不反击。他不是没有力量，他只是还没有找到为自己发声的方式。但即便那时，他内心的锋芒，和不走寻常路的一切，已经呼之欲出，假以时日终将绽放。

我们很少联系，去年他突然发来几款球鞋的图片，我一眼看中左脚粉色右脚青色的搭配，他很开心，说这是他的设计，其他朋友都选择了安全但常规的黑白配，只有我和他一样，喜欢突兀的撞色。

他大约是忙碌的，反正每天都是热热闹闹的样子。看着他比十年前显得笃定自信，我挺开心的。

陈鲁豫

自　序

大家好，我是肖骁，一个“低级”知识分子。

关于这本书的受众，我觉得这个星球所有的成年灵长类动物都适合，当然不会说人话的除外。

我们经常给别人递名片，但又特别讨厌被别人贴标签，所以这本书，不管请的是谁，聊的是什么，最吸引人的一部分就是我们不需要相互理解，更不需要达成共识。我们不知道彼此是谁，只用通过文字去想象每个人的人物画像。

那读者能收获到什么呢？我觉得在读这本书时，哪怕只有一秒钟，我们能够和你的灵魂契合，你就知道自己不是孤独的。

还是希望大家能够收获鼓励吧，因为对我来说，人类的喜不一定相通，但人类的悲一定有共鸣。欢迎大家阅读《人是可以越过越好的》。

肖骁

◇ 我们都还挺好的

▍ 你和你喜欢的人相处就好了

◇ 梦想、爱和热情，是支撑我活着的力量

我们之于世界是不同的

在自己擅长的领域多发光发热就可以了

找到自己想要的东西

目录

contents

人是可以越过越好的

第一辑 打破生活困境

让你更舒服地和自己、和世界相处

PART. 1

他乡容不了灵魂，故乡容不下肉身

嘉宾：逗逗 + 以达 / 003

PART. 2

婚姻是围城，单身即地狱？

嘉宾：钟艺 + 赛赛 / 021

PART. 3

搞笑女还会有爱情吗？

嘉宾：大王 / 037

PART. 4

安陵容告诉你，见人就是交情

嘉宾：梁秋阳 / 053

PART. 5

富人入场券 or 韭菜收割机

嘉宾：冬梅 + 大山 / 079

第二辑

消灭孤独感

总有一句吐槽精准命中你

PART. 1

社恐离开了社牛会怎么样

嘉宾：黄执中 / 095

PART. 2

来看看，这才是我们常用的“冷暴力”

嘉宾：小雨 +Cherry / 123

PART. 3

当代女生独居新思路

嘉宾：颜如晶 / 149

PART. 4

蛇精男的进阶之路

嘉宾：林皓洋 / 165

第三辑 解锁快乐指南

在满地六便士中，找回看月亮的勇气

PART. 1

浪漫——我们只学会浪

嘉宾：席瑞 / 181

PART. 2

姐的人生，易如反掌：30 岁女子图鉴

嘉宾：郑斯榕 + 李薇 / 207

PART. 3

对付绿茶当然是……以茶制茶

嘉宾：飞飞 + 珍珍 / 231

PART. 4

小孩子才做选择，所以做选择的永远不是我

嘉宾：鸽子 + 段晓薇 / 245

第四辑

拒绝成功学 PUA

n+1 种真实生存样本

PART. 1

我连自己都搞不懂，更别说这个世界了

嘉宾：汪苏泷 / 263

PART. 2

别拿任何标签教我做人

嘉宾：范湉湉 / 285

PART. 3

上帝给你开了一扇窗，让你看到谷爱凌

嘉宾：柏邦妮 / 305

PART. 4

每一个“吗喽”都曾是“梦想家”

嘉宾：洛洛 + 小磊 / 327

第一辑

打破生活困境

↓

让你更舒服地和自己、和世界相处

BEGINNING

PART

1

他乡容不了灵魂，故乡容不下肉身

嘉宾

逗逗 + 以达

↙ **嘉宾：逗逗**

年龄 → 29 岁

学历 → 大学本科

职业 → 喜剧演员

单身吗 → 不单身

在北京最大的焦虑 → 穷

接受父母资助到多少岁 → 25 岁半

租房成本 → 4900

居住方式 → 独居

工资配比 → 30%~40% 交房租，剩下的还信用卡

嘉宾：以达

年龄 → 35 岁

学历 → 高职

职业 → 明星一线化妆师

单身吗 → 是

在北京最大的焦虑 → 大钱没有，小钱有得是

MIX AND HIS GOOD FRIEND

0. 序言

这章的主题叫“我在他乡也不错”，这好像是可以引起年轻人共鸣的话题，大家都有很多感悟，所以我就找了两个“混得最差”的，不，其实是最懂得坚持的朋友，一起来聊聊这个主题。

1. 录节目火之前，我住过集装箱，也差点离开北京

肖　骁 → 我们说“我在他乡也不错”，讲的不是“你在北京的工资到底有多少”“你每天的开销有多大”，其实说的是一种状态，精神状态和心理状态。

我觉得人的欲望是随着自己的收入水涨船高的。虽然我

的收入还不错，但还是很焦虑。我以前觉得，收入能够租房，能买个包就行了，但当我越赚越多的时候，我就会忍不住考虑买房的问题。所以我觉得个人的欲望是水涨船高的，你会有这种感觉吗？

以　达 → 我没觉得压力大，随着我的收入越来越高，我越来越享受这份工作了。其实化妆师服务的艺人咖位越大，艺人周边的配置，周围的环境，工作人员的友善程度也越好。所以收入并没有给我带来很大压力，我的压力来源于自己的职业技能是否变得更好了，我怕把握不住对方。

肖　骁 → 以达的观点让我想起别人跟我讲的一句话，他说："如果你混得好，北京就是天堂，你混得不好，北京就是地狱。"当你混得好的时候，得道者多助，你混得不好的时候，就非常地寡助。

逗逗在北京做喜剧演员，前期的收入肯定是非常不稳定的，你在金钱方面有吃过什么苦吗？有没有一个瞬间让你想"算了，我走吧"。

逗　逗 → 倒没有"算了，我走吧"，但是会有一瞬间觉得"我怎么这么难"。我一度全身上下只有十四块钱，我的第一反应是好开心，晚上还能点一个外卖吃，但是那天下午我生理期突然到了，商店里的夜用加长卫生巾是十一块钱，我花掉之后觉得……我还有三块钱可以买包面。

肖　骁 → 那个瞬间你想过找家里人要钱吗？还是说咬牙也可以过？

逗　逗 → 我觉得咬牙也可以过。

肖　骁 → 我懂你的这种心态，因为我之前也是差点要离开北京了。我当时全身上下也没多少钱，只能蹭别人的房子住，我住在朋友的集装箱里，床铺是上下铺，租金一个月五百块钱，我朋友是在三里屯跳钢管舞的舞者。我当时也二十四岁了，我妈说“我们家实在是养不起你北漂的梦想了”。那我就回去呗。我当时连机票都买不起，订了一张准备回成都的火车票。

当下有一个契机，一个节目找到我，我说没有钱我不录，因为当时那个阶段不是谈理想的阶段，我需要钱。这个节目是一个网综，网综在那个年代是一个非常不主流的节目类型。我当时只想上电视，因为我的专业是播音主持，我要当正儿八经的主持人，要光宗耀祖，要让全国人民看到我站在舞台上。

我隔壁住的是一个保安师傅，早上找他借一壶热水洗了个头，就出门录节目了。节目制作方愿意给我一期两千块钱，这个节目叫作《奇葩说》。

那个时候我认为通告艺人不是我的梦想，只是一个我在过渡期需要做的事情。通告艺人这个职业很容易把人惯得很懒，今朝有酒今朝醉，不是一个可持续发展的职业。所以老实讲，如果没有《奇葩说》这个节目，我就要回成都了。以达有过想回去的瞬间吗？

以　达 → 我比较感性，我想回去的瞬间，就是想到自己的人生自由要用孝顺来交换，我现在是绝对的自由，但是少了陪伴父母的时间，我会不会有点太自私，这就是我想回去的瞬间。

2.

打不死你的，终将让你强大

肖　骁 → 你们在北京度过的这段时间里，有没有羡慕过留在家乡生活非常安逸的朋友？对于我来说，我的原生家庭没有办法帮我赋能，我的父母没有办法帮我找工作，没有办法帮我介绍关系，我在成都和在北京工作没有太大区别，这是我选择北漂的一个诱因。

因为我很多朋友选择留在家乡，比如家里有产业，基本上不需要自己怎么出力，这辈子过得不会差。所以你们会不会羡慕有这样原生家庭的朋友？

逗　逗 → 我会告诉自己我不羡慕，因为羡慕的话就完了，就更想离开北京了。我经常哭完后刷朋友圈看到老家的朋友，就会安慰自己，我不羡慕我不羡慕，我要做“都市丽人”，我有没完成的梦想我了不起，就这样给自己洗脑。

肖　骁 → 他们想好好结婚生子，家庭幸福也是他们的梦想，和你的梦想没有高下之分。

以　达 → 我即使羡慕，也只是在羡慕他们那种简单的、纯粹的生活。这种简单是因为我在北京不简单，所以我才羡慕简单，但如果真的回到老家过简单的生活，我不会很开心，那样的生活我过两天就够了。

3. 当梦想被打碎，重新拼凑的自己并不一定比以前糟糕

肖　骁 → 你们还记得刚来北京的时候设定的目标吗？我听过一句话，“纽约是一个什么样的城市呢？纽约是一个把每个人的梦想都打碎，然后重新拼接成一个新的梦想的城市”。对我来说，北京也是。很多人来北京的初衷和他们现在所做的事情都不一样了，关于这句话你们有什么想法？北京有打碎你们什么东西，

然后让你们重建起来一个新的体系、新的梦想、新的想法和新的自己吗?

以　达 → 我觉得我有点畏首畏尾了，不像以前交朋友、谈恋爱、做事情都非常勇敢，现在我好像想得很多。我刚来北京的时候，目标是成为李东田第二人的。李东田是我们行业天花板级别的专业人士，他有自己的时尚产业，服装品牌、美妆品牌、餐厅。当时我想我要能成为他就好了，但现在我发现我很难成为他了，因为志同道合的合伙人很难找到了，年纪越大，就越难信任别人。

肖　骁 → 你们在自己做得不够好、状态不好的时候，有没有觉得一些同行都不配欤，他凭什么?

以　达 → 在我们行业我赚的每一分钱，一定在我的专业上有体现，化妆呈现的是即刻的效果。我技术好不好，对方当下就给反馈，所以工作压力很大。你的能力不行，一定有自身的原因，不存在配不配的问题。

肖　骁 → 逗逗做喜剧艺人，会觉得现在有些喜剧艺人不是想象中的那么天赋异禀吗?

逗　逗 → 说实话，我身边的所有人都很有实力。不管是编剧还是演员，每个人都有自己很厉害的地方，但是大家都在等什么时候才能被发掘，什么时候才能发光。

我身边有朋友偶尔会有嫉妒别人和焦虑的状态，但其实他只关注自己的时候就很有魅力，看到他，就看到了一种焦点放在别人身上的样子，状态是那么的不好，所以也会警醒我不要这样去思考问题。

肖　骁 → 真的没有无缘无故的成功。所以你们有没有发现，我们越来越懂得和自己、和北京或者是和社会和解，以前会感到不公平，但现在慢慢地都想通了。

我们无法拿很多成功案例劝大家一定要跟北京死磕，因为每个人要尊重自己当下的感受，甚至要结合自己的家庭背景或者时代背景进行选择。不后悔是很难做到的事情，但也是当下需要解决的一个问题。

4. 我是一条浪漫的咸鱼

肖　骁 → 我们总是在说北漂有多么不容易，但是我想问北漂给你们带来的最大成就感是什么？

以　达 → 我觉得在北京好像我的寿命比别人长一些。我的一天，可能是在老家的人的五天，我所接受的信息，见到的人，无论他们是开朗的、好看的、个性的、丑陋的、人品不好的……所有的一切都会放大很多倍，数量也会增加。每天我经历的事情要比老家的人经历得多，所以我觉得我的世界变得更大了。

逗　逗 → 我在某种时刻特别有成就感。我是一个来自三线城市的小女孩，北京这么大，但我特熟，我能给问路的人指路。那个时刻我感觉，哇！在这里我也能生活！

肖　骁 → 我想问一下，你们给自己定过 deadline 吗？比如在北京多长时间内混不出来，或者是无法自给自足的时候就回家，还是无论如何都会坚持？

逗　逗 → 我大四的时候想，三十岁之前要做我喜欢的工作养活自己，现在已经实现了。

以　达 → 我没有定过，我是一条浪漫的咸鱼。

肖　骁 → 我有很多朋友在北京过得也不好，但他们觉得现在回去不是让家里人看笑话吗？他们把北京当成了最后一块遮羞布，哪怕在北京活受罪，但就是要和北京死磕。你们身边有这样的人吗？

以　达 → 有，我很羡慕有死磕精神、有梦想精神的人。我之所以不回老家，是因为我的工作在老家没法做，在老家只能做影楼化妆师，一个月顶多挣八千块钱。出于职业发展考虑我觉得我应该在大城市，不是因为我多喜欢这里，而是这是我应该待的地方。

逗　逗 → 我也不同意因为面子留在北京，留下来肯定是因为我们的职业回家没事儿干。

5. 每一条路都是独木桥

肖　骁 → 你们会不会觉得很多人在北京特别容易说走就走，是因为他们给自己留了很多后路？我妹妹是一个在北京无所事事的人。因为她跟我生活，没有房租压力，没有生活成本，她每天活得也很开心。我问她“有一天你在北京混不下去要去干什么呢？”她说“那我就回成都开个服装店啊，奶茶店啊或者咖啡馆啊”。我说“大家有这么爱喝奶茶吗？”

以　达 → 在他们的认知里，开这些店是不需要任何技术的。

肖　骁 → 对，他们感觉开奶茶店或者花店特别浪漫，很文艺。你们会不会觉得有特别强烈的浪漫主义情怀的人不太适合北漂？

以　达 → 我觉得有两种人特别不适合。一个是像你妹妹这类，他们没有职业理想。第二个就是有钱的富二代。他们抱着一种“我去大城市看看有什么机会”的心态来北京，但实际上一个人在没有理想的时候，处处都没有机会。因为他没有理想，他都不知道什么叫机会。

肖　骁 → 还有一种人我觉得也不太适合留在北京，就是特别想走捷径的人。因为他想一蹴而就，他特别着急。越想走捷径，到头来会发现每一条路都是独木桥。我觉得在北京一定要有一个心态，就是不能着急，你越着急越找不到事儿干。

6. 在北京，选择比努力更重要

肖　骁 → 很多人在北京都会精神喊话，我有朋友在家贴着“在北京，不成才便成仁”“吃得苦中苦，方为人上人”。你们觉得有道理吗？

以　达 → 这个东西好像在老家更适用一些。我觉得在大城市打拼选择更重要，比如同是化妆师，有人去当影楼化妆师，我是明星化妆师，我化一个妆的钱，可能是他们一个月的工资。

肖　骁 → 我面试员工的时候会先问他们一个问题，“你们以后的职业规划是什么？你的理想薪酬是什么？”他一定要敢开口要，我才敢放心使用他，或者觉得他是一个有非常完整的职业规划的人，我才会愿意用他。

以前有一个面试者，我当时问他“你的职业规划是什么”，他说“我没有想过，我只想陪你走过每一个春夏秋冬”。我当时说“我的妈呀，别这样好不好？”

他对自己的职业没有具体的概念，他不可能一辈子就做助理的，他的可替代性非常高，我随时找一个人就可以取代他。他说“我想陪你走过每一个春夏秋冬”，对我来说这就是非常无效的话。我绝对不会问保洁阿姨的职业规划是什么，因为阿姨非常清楚自己在做什么。而助理往往是年轻人，年轻人的不确定性是非常大的。我觉得年轻人最可爱的地方，不是他的能力，而是他的野心。

刚才说到选择，我觉得现在很多年轻人，他们给自己制造了一种自以为努力的假象，他们觉得自己很努力，会有疑问“为什么我每天加班到深夜”“为什么我现在的收入和我自己每天付出的时间是不成正比的”，就是因为他们做任何事情，都没有用巧劲儿。

对于老板来说，不会觉得员工加班到凌晨两三点是一件非常值得感动的事，因为最后老板要看结果。如果员工能做好的话，提前下班老板是没有意见的。

以　达 → 结果重于过程。

肖　骁 → 对，很多人都说“老板应该看到我的所有的努力”，老板真的没有。

真相非常残忍，老板只看结果。但是我觉得大家要思考这个问题，自己真的适合做这件事情吗？与其花费大量时间去思考自己为什么没有得到应有的东西，不如去反省一下，这些时间都在做有用功吗？

以　达 → 有的人做的事情就是他非常擅长的，但有些人就一直在做自己不擅长的事情。

7. 我们都还挺好的

肖　骁 → 我们的意见不能够代表所有人。因为我们现在也不是最初北漂的那个阶段了。做选题的时候，同事建议我，要不要去找一些刚刚来北漂的年轻人，我觉得没有意义。因为对他们来说，此刻一切都是新鲜的，一切都是刺激的，哪怕他们住在十几平方米的出租屋里，也觉得这是一种人生体验，是一件特别酷的事情。所以我一定要找两个有北漂生活经验的朋友，不管现在自己过得好不好，我们都来聊一下。北漂一路走过来肯定不可能都是一地鸡毛，也不可能是一路繁花相送。

让逗逗和以达对多年前刚来北漂的自己说一句话，你们会说什么？

以 达 → 就是一个词“享受”。我来北京最快乐的阶段，就是住在租金一千两百块钱房子那个阶段。因为那个时候像你说的，我看什么都新鲜，我吃什么都觉得很香。

逗 逗 → 我想对之前的自己说“你做的每个选择都是对的，除了刷信用卡，稍微少刷一点点”。

肖 骁 → 哈哈哈哈哈，非常实际。我想跟曾经的自己，或者是即将要来北漂的人，或者正在北漂的人，讲一件事情。在北上广深生活过的人，可能会过得越来越迷茫。这是正常的，每个人都迷茫。但是，我们在北上广深生活，一定会培养出一个能力，我们会越来越知道自己讨厌什么，这个非常重要。年轻时是去北上广深拼搏的一个最好的契机，你以后有大把的时间在自己喜欢的地方过自己想要的生活，但趁现在还有冲劲儿的时候不如去试试。让北京把我们的梦想打碎，再拼接出一个崭新的自己，我不觉得这个崭新的自己会比现在糟糕。这其实就是我们要跟大家聊的——我在他乡不太好，其实聊到最后发现我们都还挺好的。

以　达 → 不太好的人都走了。

肖　骁 → 对，真正不太好的人都走了。能够在北京留下的，其实都是过得还挺好的人。

8. 总结

这个话题想要告诉大家，我们都说要走出舒适圈，但其实有的时候你会发现我们不是在走出舒适圈，我们是一直在制造舒适圈、在寻找舒适圈。非常开心的是我的朋友们对我来说是一个舒适圈的存在，也希望大家觉得“我在他乡不太好”的时候，身边有可以倾诉的人，有可以示弱的人，有可以求救的人。

希望大家不管是在做什么事情的时候，看到这个话题都可以有一点点力量吧，哪怕看完之后第二天直接买机票回老家了。

BEGINNING

PART

2

婚姻是围城，单身即地狱？

嘉宾

钟艺 + 赛赛

嘉宾：钟艺

年龄 → 34 岁

职业 → 演员，表演老师

原计划结婚时间 → 30 多岁

是否被催婚催育 → 一点儿都没有

（家人反而劝我千万不要结婚）

嘉宾：赛赛

年龄 → 34 岁

职业 → 失业中

原计划结婚时间 → 30 岁之后

MIX AND HIS GOOD FRIENI

0. 序言

很多人面对恋爱问题或者婚姻关系的态度可以总结为八个字：“宽于律己，严以待人。”遇到问题的时候又是八个字：“主动认错，坚决不改。”所以我们这一次的主题是“婚姻是围城，单身即地狱”。

我找了一个在“地狱”的朋友，一个在“围城”的朋友。和大家一起聊聊婚姻那些事儿。

1. 长相真的不重要

肖　骁 → 这次不仅仅要聊婚姻问题，主要还想分析单身和结婚状态的不同。虽然我是单身，但我没有结婚焦虑，没有一定要结婚。

我无数次曾公开告诉大家我铁定不婚。如果有一天我要结婚，一定是出于两个原因：要么是生孩子上户口，要么是需要法律保护、财产保护。用爱的名义要求我结婚，至少目前我是做不到的。也许，有一天会遇到那个让我愿意走进婚姻的人，我不确定。

那钟艺你的感觉呢？婚姻对你的意义是什么？

钟　艺 → 我跟你的想法大概是相同的，但是也有不同的地方。我特别想要小孩，我还挺向往家庭的，但无奈没有遇到合适的人。

肖　骁 → 上一个让你觉得可以试一试的人，出现在什么时候？你们为什么没有在一起？

钟　艺 → 近几年真的没有，近几年有些人宣扬说三十多岁要稳定，包括要生小孩儿，越早越好，会给女生带来很多焦虑，我很排斥。我之前的想法和你很像，认为我可以不结婚，我只要个小孩就行，但随着时间的推移，越来越觉得家庭蛮重要的。我现在认识新的人，会考虑这个人合不合适结婚，我会开始给孩子选爸爸。

肖　骁 → 现在很多单身女生，不是给自己选伴侣，是在给孩子选爸爸。那你现在找对象，会有一些比较硬性的标准吗？比如，对方的收入、年龄等方面要达到什么要求，还是说只要你喜欢就可以？

钟　艺 → 不过长相真的不重要，我以前会把八块腹肌和一个巨美的脸庞以及身高放到第一标准，现在发现这些东西都没有用，到最后都一样。

2. 当了妈以后真的会多才多艺

肖　骁 → 赛赛，你现在已经结婚了，我知道你们两家的收入水平、家庭环境可能是有一点点差距的，那这个方面的问题，有影响到你们的婚姻生活吗？

赛　赛 → 当然有。比如，结婚的时候买房子，我们说好首付一家一半，但他们家没有付到一半，然后就完全不去管这个事情了，因为他们拿不出来了。但我自己的那一半钱也不全是自己出的，是我家里出的，所以心里肯定会有一点不舒服。

肖　骁 → 他们说好拿一半的钱，没有给够，但房产是你们两个人的。可以这么理解吗？这个事情会成为你们两个婚后潜在的问题吗？

赛　赛 → 会！其实我们两个家庭之间有一个比较隐形但双方都心知肚明的原则就是：一个出钱一个出力。我们家出钱比较多，他们家出力比较多。有的时候这个界限很容易模糊，我不舒服的时候，就会爆发一些小的家庭矛盾，甚至两个家庭之间会有摩擦。

但是我们要把好的点放大，日子才能过下去。如果揪着问题一直不放的话，就会过得很不舒服，家里也会天天争吵。我觉得这个是维系一种关系的秘诀。

肖　骁 → 突然觉得单身是地狱，婚姻是围城。

现在你小孩读的是国际学校，国际学校的学生家庭环境都非常好，你跟你老公会不会觉得有压力？

赛　赛 → 有啊，何止压力，还有焦虑。特别是过了三十岁之后，每年交学费的时候很焦虑。我们自己的开销是够了，但是当给孩子交学费的时候，我们真的觉得没有办法透气。

而且每到学期末的时候，班级都会组织小朋友的聚会，也会让家长参加。这就到了家长要比拼的时候了。家长带过来的东西是能反映情商的。

第一年去的时候，我只带了一份墨西哥玉米片。去了之后才发现，其他人的妈妈都像去野餐一样，带着野餐垫、水果、蛋糕、玩具，每一个小朋友发一份，我们家小朋友只有小小一盘玉米片。

肖　骁 → 而且人家可能还觉得不是你做的，是去买了一大包成品滥竽充数。但你今年真的进步很多。万圣节给小朋友做衣服，化妆。你当了妈以后真的多才多艺。

3. 我们需要的是爱情还是陪伴？

肖　骁 → 钟艺现在如果遇到一个男生，你是以结婚的目的去和他接触，还是想单纯享受爱情？

钟　艺 → 肯定还是想要抱着结婚的目的，但是也不排斥恋爱。如果我不抱着结婚目的谈恋爱，会放弃得很快。

肖　骁 → 你会考虑用交友软件认识男生吗？

钟　艺 → 我从来没有欸。

肖　骁 → 现在认识人的渠道越来越少，像我们还比较有机会，因为我们

“局”会多一点，我们也愿意出去玩儿，愿意出去认识朋友、旅游……但像上班族，他们每天可能都加班，私人生活和个人时间被压缩到非常少。现在年轻人通过软件认识朋友，这是一个新兴的渠道，或者是可行性非常高的渠道吗？

赛　赛 → 我跟我老公就是在交友软件上认识的，当时是和好几个男生同时聊天的，都有约出来见。这个时候其实我是有选择的，我会考虑哪个男生跟我的话题比较多，比较符合我内心对另一半的期待。所以我觉得这是一个很好的渠道，我平时社交圈不多，没有那么广的渠道去认识人。有一个软件给我看他的职业、年龄、长相，甚至让我跟他先有聊天的基础再接触，能省我很多时间，我身边的这种案例非常多。

肖　骁 → 这里只是说社交软件可能是一个新兴的认识朋友、结交朋友的渠道，还是要跟所有朋友讲一下，安全是第一位的，不要在没有摸清楚别人的底的情况下贸然见面，最好是在朋友的陪伴之下，去跟他认识。

赛　赛 → 一个小 tips，我当时约我老公出来的时候，就是在一个朋友的“局”上，因为这个时候我是可以反悔的，如果觉得他不合适，我们可以只在朋友“局”上见一下，没有下一次了。但如果单独约出来，很多时候比较不安全。所以我觉得线下第一次见面一定要在朋友的“局”。

肖　骁 → 对，我也觉得朋友的“局”非常重要，而且也可以让朋友帮你把把关。

4. 男生的细心需要女生去培养和引导

肖　骁 → 这个时代能听到的女性的声音越来越多，但实际上遇到具体的情况，社会并没有对女生变得宽容。哪怕你们已经是非常漂亮，有自己的事业，收入可观的女生，还是会有很多焦虑。

钟　艺 → 我觉得能听到女性的声音是很受激励的，我们小时候接受到的根深蒂固的观念，是告诉女生要传统一些。我自己现在也很想拥有家庭和孩子，如果没有以前的影响，不知道我还会不会是现在这种想法，但现在我还是觉得家庭和孩子很重要。

肖　骁 → 赛赛呢？现在你已经完成了很多人眼里的一些人生硬性指标，婚也结了，孩子也有了……一些非常主观的女性焦虑，其实已经不存在了，你现在还会焦虑吗？

赛　赛 → 会啊，对单身的人来讲，女性焦虑可能主要是年龄焦虑和还没有结婚生孩子。但是对我们来讲，面对婚姻家庭里面的分工，女生会自然而然多承担一点。总感觉男生没有办法代替女生的角色，女性天然得为孩子付出得多。

　　我们有一次开着房车带孩子出去旅行，我去洗澡，孩子在小溪边玩，我老公在离孩子不到一米的距离看了一下手机，孩子就掉到小溪里去了，起来的时候半边脸都是淤泥。我当下就觉得男生看孩子真的不行。妈妈们是不可能割舍孩子的，只能是我们去看。

钟　艺 → 有没有可能是你老公比较粗心，其实有很多男生也很细心。

赛　赛 → 会有，但我觉得这份细心是需要女生去培养和引导的。

肖　骁 → 我问一个具体一点的问题，你在跟婆婆发生争执的时候，你老公的立场更偏向谁？

赛　赛 → 他大部分时间中立。之前发生过一件事情，我们两个家庭一起去国外玩。当时我们的收入也不是很好，对我们来讲，负担一次国外旅行，拖家带口两个大家庭，还是比较有压力的，所以我妈立刻站出来了。

　　有一天晚上，我妈跟我婆婆讲："这次旅行的费用和你们先讲好，我这边是不需要他们小两口出钱的，我完全是自己出钱的，因为他们现在过得也没有特别好。"

我妈列出了旅行费用明细，然后说：“两家人一人一半，你们家应该付多少，我们家应该付多少。”现场转账，转完之后就问我婆婆“你转了吗？”我婆婆说：“我出发之前已经给了。”其实没有给，她和我老公私下已经商量好了。但这个时候我妈出来把这个界线划得很明白，以后就不会再有家庭旅行这件事了。所以我同意“贫贱夫妻百事哀”。没有钱的时候，没有办法不爆发家庭矛盾。

肖　骁 → “贫贱夫妻百事哀”另一句是“世上只有妈妈好”。这两句话，所有的姐妹们记住好不好，我觉得你要感谢你妈妈。

5. 门当户对不重要

肖　骁 → 这个问题同时问你们俩，你们觉得结婚还是要门当户对吗？

钟　艺 → 我觉得不重要，很多人说要门当户对，更多指的就是我精神上跟他能门当户对，我们能共频，财富上的东西没有那么重要。但是，如果对方特别有钱，又能跟我聊在一起，为什么不可以呢？

赛　赛 → 我也觉得不重要，我希望找一个家庭条件方面没有我好的人。对我来讲，人品更重要。如果一个人家庭收入等各方面都比我好，我觉得我难以驾驭他，在婚后我会受很多委屈，我只能自己往肚子里咽，我没有办法诉说，我可能要抱着这些委屈活下去。但目前在我的婚姻关系当中，我是不用受这个委屈的，我完全可以有什么就说什么。

肖　骁 → 你是权力关系的上风。

你们俩现在一个单身，一个在婚姻关系当中，如果你们要对彼此讲一句忠告，会是什么？

赛　赛 → 首先你选对象要谨慎。这个人对你好不好，能不能长期对你好是底线。还有一个就是家庭很重要，对方的家庭跟你契不契合、跟你的家庭契不契合很重要。

钟　艺 → 我觉得还是看“机会”，如果还在单身的话，其实要多看看，打着灯笼找到对的那个人。

肖　骁 → 你们心里有没有一个最想感谢的人？

赛　赛 → 第一个是我妈，因为我妈给我提供了非常好的退路跟后盾，让我活得很开心，很自在。第二个是你，在北京有一个什么话都能说的朋友很重要。任何时候，任何地方我都可以跟他说，什么事情都可以说，有一个倾诉对象，他能帮我解决一些问题，能够有一些正向的引导。

6. 总结

我其实想跟大家分享一点我对单身和婚姻的看法，不管单身还是在婚姻当中，你一定会有想摆脱单身的那个瞬间，一定也有想要逃出围城的那个瞬间。所以有的时候我特别理解很多单身的朋友一直在说我要谈对象，我要结婚。大家思考一下，你们是真的需要一份爱情，还是需要一个陪伴。

不管我们说“单身即地狱”，还是“婚姻是围城”，都要聚焦到自己身上，当下的那个自己是不是让你觉得无助，你有没有更讨厌你自己。

不知道我的两个朋友的情况跟大家有没有相似或雷同的地方，这些问题到最后总能和解，或者形成一种力量，或者缓解一些焦虑，真的是因为陪伴的力量。

不要把自己人生所有的希望寄托在一段感情或者一段关系上，不管是爱情，婚姻，友情还是亲情，人一定要把自己的情感尽可能地分散到周边去。多听到一些声音，懂得示弱和求救，这也是我们在婚姻关系当中的朋友会遇到的问题。人一定要学会求救，示弱是一种非常强大的能力。

这就是我们本次跟大家分享的一些关于恋爱和单身的话题。我们可能素昧平生，没有见过面，但我相信我们的焦虑可以让你不那么焦虑，其实没有谁比谁过得更好。

BEGINNING

PART

3

搞笑女还会有爱情吗？

嘉宾
大王

↙ **嘉宾：大王**

年龄 → 35

职业 → 艺人

是什么让你决定结婚 → 因为爱情，因为我爱他，我想嫁给他

MIX AND HIS GOOD FRIEND

0.
序言

今天我请到一个好朋友，她既来自《奇葩说》，也是我大学的师妹——大王。今天我要跟师妹聊一个十分冒犯的话题——搞笑女有没有爱情，还有我们眼中的好嫁风是哪一种？

1.
婚前婚后那些事儿

肖　骁 → 师妹，你结婚了。你嫁出去了。第一个问题，你心里真的放下我了吗？你是不是在兴兴身上找到了师哥的影子？

大　王 → 我直播说结婚的事情，网友全在问“你放下肖骁了吗？”跟你问的一模一样。还好兴兴跟你没有一点相同，不然真的嫁不了。

肖　骁 → 可能很多朋友读到这里会很困惑，不知道我们在说什么。大王在大学的时候给我写过情书，她暗恋我。

大　王 → 不是情书，我是写了一封信，想要认识他，觉得他很优秀，但是被他自己解读为我喜欢他，那我也没有办法。

肖　骁 → 今天我要跟我师妹聊一个很冒犯的话题就是："搞笑女友有没有爱情。"

大　王 → 你真的很没有礼貌，我只是正常在做综艺好吗？我也不知道为什么会被定义为搞笑女……

肖　骁 → 虽然大王被大家叫作"搞笑女"，但其实在我看来她的情路很顺，还是交过几任不错的男生啊。

大　王 → 那不是后来他们就跟我分手了吗？那也叫不顺呀。

肖　骁 → 但是你现在结婚了呀，修成正果。

从谈恋爱到结婚的哪个瞬间，你觉得差不多要走进婚姻的殿堂了？有没有什么具体的事？他求婚是惊喜还是你们之前就已经聊过要结婚了？

大　王 → 是惊喜，我知道他会跟我求婚，但不知道是哪一天。他买戒指我都知道，男生蛮蠢的你知道吗？他买了那个戒指，放在他玩游戏的电脑桌角边上，他以为自己藏得很好，但其实我早就发现了，隐约就知道是求婚戒指。发现的时候，我内心有问过自己“准备好了要跟他结婚了吗”？但我当时非常快速地给了自己一个答案，就是“Yes”。我觉得我想嫁给他。

肖　骁 → 好浪漫哦。结婚前和结婚后你觉得自己的生活有什么具体的变化吗？

大　王 → 生活看起来是没有变化的，跟以前一模一样。

肖　骁 → 你享受现在的生活状态吗？或者享受你们的关系吗？作为一个已婚女子，现在你是舒服的吗？

大　王 → 舒服呀，我老公刚开始的时候比较木讷，很多时候都不主动，也不会给我惊喜，反而是结婚了以后对我更好。他现在对我更好更体贴，也会给我准备惊喜，现在更幸福了。

肖　骁 → 你觉得结婚最大的好处是什么？

大　王 → 对我来说，更有安全感了，我以前是一个不太有安全感的人。我会经常惶恐，担心这段感情不会继续，万一没有结果，突然他哪一天就跟我分手了，我又要踏上寻找新的爱情的旅途。

肖　骁 → 但是结婚也是可以离的呀。

大　王 → 对，结了婚也可以离。但我会把自己的心态调整得有安全感，我现在会觉得自己是安全的。现在我的脑海里面不会经常想着这个人会不会跟我分手，我们俩会不会分开，现在脑子里面不太会去预设感情不好的问题。

2.

结婚，就是要以爱做养分

肖　骁 → 大王一直以来给大家的是嬉皮笑脸的搞笑女形象，你会觉得以搞笑女的身份谈恋爱是一种阻碍吗？大家会不会觉得你这个人太不严谨了，或者有的时候会觉得不够严肃，谈什么事情都嬉皮笑脸，你觉得这是一个问题吗？

大　王 → 会有一定的问题，比如说我跟他一起出去玩的时候，对待朋友的态度会让男生不喜欢。

肖　骁 → 那你觉得“搞笑女没有爱情”这句话，有一定道理吗？

大　王 → 我觉得那是没有遇到真的爱情，那样的话，你去制造氛围，搞个气氛，别人都会觉得你很丢脸。

肖　骁 → 大家有的时候会希望搞笑女暖暖场，搞搞气氛，你会被要求做这样的工作吗？

大　王 → 大家会在氛围很尴尬的时候，在旁边鼓舞我，想让我来带动一下气氛。其实我自己也很受不了那个尴尬劲儿，想让氛围好一点，身体里莫名的就有一股劲儿想要去暖场。

肖　骁 → 你们俩在一起快三年了。见父母的过程当中，双方父母对你们彼此都满意吗？

大　王 → 我刚开始去他们家的时候，我能感受到他们家对我不是很满意。他们没有觉得我不行，因为我本人条件还可以。有一天他妈趁他不在的时候，突然叫我去她的房间谈话。她觉得我年纪比他儿子大那么多，年纪再大一点就会看出差距，她是站在女人的视角为我考虑。我知道她讲这些心里肯定是觉得我跟她儿子有差距的。

肖　骁 → 所以事情最后是怎么解决的，你有跟兴兴讲吗？

大　王 → 我当时对我婆婆晓之以理动之以情："两个人要结婚，就是要以爱做养分。我真的无法嫁给一个我不爱的人，我觉得我爱他才想跟他在一起。”我也告诉兴兴，我说你们家里的那些情况不可能靠我的力量去解决，各自家庭的问题只能各自去解决。

肖　骁 → 你真的在跟你婆婆聊天的过程中说出了“以爱做养分”这句话吗？真不愧是《奇葩说》训练出来的人，跟婆婆的首次交锋，你居然能说出“以爱做养分”这种话。

大　王 → 是的，现在想想也觉得很意外。我当时还听不太懂山东话，他妈听我说话也费劲，我们俩鸡同鸭讲，但我把自己感动得哭了。

3. 性格开朗更容易恋爱

肖　骁 → 我还想和你聊另外一件事，有一个词叫作“好嫁风”。好像某种类型的女生特别容易结婚，或者能够嫁得出去。当然我觉得这是对女生的桎梏，是非常糟糕的刻板印象。师妹，你觉得具备哪种特质的女生比较容易结婚或是比较容易谈恋爱？

大　王 → 我觉得女生性格开朗是很重要的因素，外形反而没那么重要。因为现在有很多还没有结婚的姐妹很漂亮，但是结婚结得早的女生也并不是靠外形靓丽取胜的。

肖　骁 → 你觉得作为结婚伴侣最重要的标准是什么？

大　王 → 对我来说，最重要的标准是会做饭、会照顾我。我的幸福感来源于吃他给我做的好吃的。我爸是从来没有下过厨的人，我从小就渴望那种无须自己动手就能吃到美食的家庭温暖感。

肖　骁 → 你好像不太喜欢你爸妈的相处模式，你觉得你爸比较强势。

大　王 → 他很强势，很大男人主义，除了工作，家里的事情完全不会做。

肖　骁 → 所以很多人说女儿以后结婚会想找一个像爸爸那样的老公，你想找一个跟你爸完全不沾一点边的男生当老公，是吗？

大　王 → 我要找一个完全跟我爸完全相反的，差不多就是兴兴这样。

肖　骁 → 恭喜你找到了，师妹。那你是不是也是妈妈的反面？是贤淑、会做饭、漂亮、温柔的反义词。

大　王 → 我性格还是跟我妈很像的，但确实她很贤良淑德，她会的家务我都不会。但我跟她性格很像，开朗又感性。我妈在我小的时候就教育我说男人不应该是我爸爸那样的。她会跟我讲家务是可以有男女分工的，不是谁要必须承担某一个部分，是大家都可以来做。她一直跟我灌输这样的理念。

肖　骁 → 所以你妈把你培养成了一个她希望你成为的人。

大　王 → 我是独生女，十八岁离开家去读书，二十岁就要从四川来北京，我妈非常支持。她支持我出去闯，不想让我在小地方待着，太早就结婚生子，她觉得我应该出去看一看，去做她没有做过的事情。

4.
我靠自己
也可以过得很好

肖　骁 → 所谓“好嫁风”，就是力求营造出一种毫无杀伤力，宜室宜家的风格。顾名思义，是指女生很容易嫁得出去。就比如说很多衣服，它会给你标注一个“好嫁风”，好像这样子的衣服特别讨男生喜欢。

我觉得这个词非常冒犯，反映出在传统观念影响下婚恋市场中女性个体的压力。最近Z世代的婚恋调查也表明现在很多年轻人在经济上更加独立，伴随着自我意识的觉醒。已经有越来越多的朋友选择不婚或者是晚婚。你有没有一个瞬间跟自己讲，我这辈子也不想结婚，我靠自己也可以过得很好？

大　王 → 有呀，女孩都有过吧。

肖　骁 → 那是什么瞬间呢？是发生了具体的什么事吗？你会觉得这辈子单身也挺快乐吗？

大　王 → 当时是被渣男伤了。这些年来我对待感情都很认真，不知道为什么受伤的总是我。我觉得跟朋友们在一起就已经很开心了。自己赚钱，自给自足过得挺好的，没有必要非要有爱情吧。我也许过愿，只要事业好就行了，爱情就再也不想了。

肖　骁 → 你觉得我们中间谁谈恋爱最困难？

大　王 → 就是你。你是真的漂亮，然后又很会穿衣服，但是你太有想法，太爱自己，你放不下。

肖　骁 → 但是你刚才不是说最重要的是性格开朗活泼吗？我非常开朗活泼。

大　王 → 你不好沟通。你会以辩论的姿态和别人沟通，凌驾在别人之上，不太会为你喜欢的人妥协，但妥协是两个人都要做的事情。

肖　骁 → 你刚才说我很难谈恋爱，那会不会觉得有一种女孩不太容易结婚？

大　王 → 我觉得可能就是想太多，根本不知道自己到底要什么的女孩。

肖　骁 → 就是有些女生想找到既要有钱的，又要有学历的男生。你想的就很纯粹是不是？帅，还要会做饭就好了，不会纠结太多。想的其实会做饭的帅哥在婚恋市场上非常稀缺。

大　王 → 他首先得帅，会做饭只是加分项，不会做饭但是帅的话，其实也行。

肖　骁 → 你认为什么叫作爱的标准？还是没有标准，是他就行？

大　王 → 但很多人不是这样想的，会想要很多。就像你刚才讲的那样，他们找到了满足某个条件的对象，又开始萌生其他的想法，会开始和别人的对象进行比较。

5. 有趣的灵魂有多难得？

肖　骁 → 有人说："搞笑女只会让人喜欢，不会让人爱。"这句话你认可吗？她是一个很好相处的朋友，但可能不是一个让人非常愿意接触的恋人，你会有这样的感觉吗？

大　王 → 幽默的男生市场很好的。

肖　骁 → 所以你会觉得在传统的恋爱观里，男生的幽默是加分项，女生的幽默是减分项吗？

大　王 → 在爱情里面是的。

肖　骁 → 其实我身边所谓的一些搞笑女的恋爱都还谈得挺顺的。比如，你和小鹿。所以有趣的灵魂和搞笑是有区别的，我觉得你们俩算是有趣的灵魂。那些被复制粘贴的幽默感我都不会觉得是有趣的灵魂。

大　王 → 搞笑女在爱情中是会吃亏的。因为她的滑稽、搞笑，动作夸张的情绪，让别人觉得她是一个没有柔软心的人。男生拒绝她的时候都会拒绝得很赤裸，不会小心翼翼。

肖　骁 → 因为他们会觉得她能接受。你觉得搞笑女能不能拥有爱情的决定条件和外貌有一定的关系吗？长相漂亮重要吗？

大　王 → 重要。虽然很偏激，但是真的重要。

肖　骁 → 也没有很偏激，漂亮的人确实比别人更加容易被异性追求，这个很正常。

大　王 → 就个人经历来讲的话，丑的时候去搞笑，人家真的会觉得丑人多作怪。但我稍微好看一点，然后再搞笑，人家就会觉得我是有趣的灵魂。

肖　骁 → 你以前到底是觉得自己有多丑？是留齐刘海的那段时间吧？

大　王 → 对呀。不是说必须漂亮，顺眼很重要。至少看起来顺眼，让人看得下去。

肖　骁 → 我觉得顺眼这个词比漂亮还尖锐。

6. 总结

虽然我们聊的是“搞笑女”或者是“好嫁风”。但我是觉得我们不需要给彼此贴那么多的个性标签，因为有的时候一种标签代表了一种行为，或者是规范大家的规则。

这种刻板印象在我看来都是很糟糕的。我看到过搞笑女，比如大王，现在也过得非常的幸福；当然我也看过很多优质男，像我一样，单身了六七年。

所以其实不要通过一些外在的标签去判断一个人到底好不好结婚，或者好不好恋爱。有的时候有一些人不是结不了婚，恋不了爱，是人家选择不要。而有些人今天虽然嫁人了，也不能代表她在个性上比另外一种人好。

无论大家选择什么样的生活方式，至少要做到一件事，就是为自己的选择负责任，我希望每个人都能够为自己的选择负责任。

BEGINNING

PART

4

安陵容告诉你，见人就是交情

嘉宾
梁秋阳

↙ **嘉宾：梁秋阳**

年龄 → 32 岁

职业 → 某教育培训机构创始人

婚姻状况 → 未婚

emo 的频次 → 几周一次

emo 的原因 → 人际关系

emo 的解法 → 不管它、不要去解决它，你注意力越在这件事情上，你就会越 emo

MIX AND HIS GOOD FRIENI

0. 序言

“我，我叫安陵容，家父，家父是……”“这样好的阳光，以后再也看不到了。”“原是我不配。”“我这一生原本就是不值得。”

这些话有没有很眼熟？没错，我们这一次聊的就是“安陵容文学”。我也是《甄嬛传》的忠实观众，所以要深层次地剖析“安陵容文学”背后的逻辑，比如，安陵容之所以形成这样的个性是因为原生家庭？还是因为自身的不自信？还是因为社会的PUA？所谓“安陵容文学”，其实就是她的口头禅：“原是我不配。”“终究是我不值得。”

1. 安陵容不知道自己想要什么

肖　骁 → 我觉得所谓表达问题或者口才问题，其实隐藏着每个人隐秘的心理问题。秋阳之前说过一句话，“对于社恐的人来说，独处才是真正的自由”。所以我想跟秋阳聊一下这个话题，安陵容这种情况是不是属于社交恐惧？是不是存在表达方面的问题？

梁秋阳 → 我觉得“安陵容文学”的受众和代入者不太像是社恐。因为他们好像很想跟人接触。就像安陵容对甄嬛和沈眉庄的嫉妒，她其实是很希望获得别人的爱、包容和关注。

安陵容这类人最大的问题可能是，她们不知道应该怎样找到自己的位置，所以她们永远只能以被害者的形象出现在她为自己写的故事里。特别有意思的一件事情就是，安陵容的故事里面，她就不可能幸福。

她早上摔了一跤，就觉得甄嬛很讨厌她。那她如果没有摔跤呢，她也不会觉得甄嬛喜欢她，她会觉得，“我连甄嬛姐姐讨厌我的理由都找不到。我真是太笨了”。所以我觉得她的故事已经写好了，她只学会了用这一种方式跟别人相处。

肖　骁 → “安陵容文学”背后的潜台词就是特别丧。她每次都陷入自我怀疑的循环当中，就好像刚才秋阳讲到的，哪怕她不摔一跤，她也会找到一个更糟糕的出口排解，解释她的这种行为。

我在网上看到一个博主叫作“王左中右”，他写了一篇文章，分析了几种“安陵容”式的心理状态。我们通过剧情可以了解到，在秀女当中，她的家庭背景相当一般。她只是一个县丞的女儿，所以她无时无刻不在自卑。她最常说的是“我不值得”“我不配”这种话。所以我想和秋阳讨论安陵容的原生家庭带来的影响，是不是让她形成这种个性的重要原因？

梁秋阳 → 我觉得完全有可能，也许不是“原生家庭”而是“过去的经历”的影响，我对《甄嬛传》不是很熟悉，我只是做一个简单的猜测。当一个人在说“我不配”“我不值得”的时候，他这句话其实并没有说完。他在说这句话的时候，隐含了一个没有提到的“他者”，就是“谁”有资格来评定他值不值得或者配不配呢？当一个人一生当中的绝大多数时候都在等待被挑选，他当然会觉得自己没有任何动力握住幸福。我觉得她跟甄嬛之间最大的差别就是，甄嬛知道自己想要什么。但安陵容不知道自己想要什么。甄嬛对她冷淡或热情她都会怀疑。甄嬛跟沈眉庄在一起，安陵容不开心；甄嬛如果一个朋友都没有，她也不开心，她整个人一直不自在。所以，如果一个人长期处于得不到反馈的情况下，就特别容易形成安陵容这种心态。

肖　骁 → 可以理解成是一种自卑的心态吗?

梁秋阳 → 我觉得可以，但“安陵容人格”的人比自卑的人更惨一点，自卑的人很有可能只是对自己的评价比客观情况低，而他们是觉得自己什么都做不到。

2. 脑补是为了获得安全感

肖　骁 → 安陵容的这种心态其实属于自我折磨，自己每天都脑补一出大戏。我身边有很多朋友会说《甄嬛传》里不同妃嫔的台词，我发现每个朋友学台词的时候隐隐约约会带入一点点自己本身的个性。你会不会觉得“安陵容人格”的人，他和提倡内卷的人是两个极端反差?

梁秋阳 → 我觉得不是，我觉得安陵容是一种被动的内卷。内卷的人是“我为了卷过别人要往死里卷”，然后自己会焦虑。我比较像这种人，很多朋友都觉得我有“压力成瘾症”。比如，我刚结束工作感觉很累，但在跨城市的滴滴专车上，我没有办法闲下来休息。我非常想拿出电脑开始工作，哪怕我会头晕。“安陵容人格”的人不是不内卷，但她们内卷的理由是非常被动的，是“我不卷她会不会抛弃我”“我不卷是不是我对老板就没有价值了”。

肖　骁 → 你会不会觉得“安陵容们”特别在意别人的眼光？

梁秋阳 → 会。我们每个人小时候都会建立一个获得价值感的机制，比如我问你，你小时候最快乐的事情是什么？

肖　骁 → 我小时候最快乐的事太多了。我觉得人生的快乐还在后面。

梁秋阳 → 太好了。每个人对未来的预期一定来自过去人生的轨迹。如果一个人过去的人生轨迹是一个上抛线，他对未来的预期一定很高，所以你觉得人生最大的辉煌还在前方。很多人特别在意别人的感受，是因为在他的人生中，每一次超越自己预期的快乐和价值感都来自别人。这种人小时候肯定得到了很多反馈，叫作“你考了一百分妈妈喜欢你”。

肖　骁 → 别人的喜欢才是价值最大的认可。

梁秋阳 → 我之前读精神分析学家阿德勒的书，他讲到一个特别有意思的观念，很多小孩子为什么成绩差呀？因为小孩子发现成绩差会让爸妈特别关注自己。他们的成绩一直都好不起来，是因为他没有意识到怎样创造起自己的价值感。

肖　骁 → 所以造成“安陵容式人格”的原因，一是没有建立获得价值感的机制。二是我觉得他们相信“自卑有理”。他们觉得自己不是无病呻吟，于是会找很多理由，会很莫名其妙地把一些非常不相关的事件和情绪联系在一起，可能是他的家庭背景，可能是他做错了什么事。比如，他今天在电梯里放了一个屁，就会觉得全公司的人看他的眼神都怪怪的，担心是不是大家不喜欢他。但是大家可能都没有发现这件事情，他就自己脑补了一出戏。

梁秋阳 → 我感觉他“脑补”是为了获得安全感，因为他为自己的不受欢迎找到了一个理由，就意味着他是有机会改变它的。

3. 最核心的是找到价值感

肖　骁 → 有的时候大家会在意为什么自己不被另外一个人喜欢。其实你在拼命找原因的时候，你才最不可爱，最让人不喜欢。博主

"王左中右"还总结出一个原因，"安陵容人格"的习惯是"回避幸福"，他觉得自己配不上很多东西。我在工作当中也会遇到很多这样的人，比如，我想提拔某个人，但他会说"啊，不行，我不配"。他是本能性的拒绝。因为我问他的时候，他甚至没有用一秒钟去思考他到底行不行，反而脱口而出的"我不配""我不行"，我们会觉得他是真的不配。他给自己预设的前提就是自己不值得成功。你现在也是老板，会遇到这样的员工吗？

梁秋阳 → 我确实见到过很多有类似性格的职场人士，每个人在面对选择的时候，其实都有两类本能反应。一类人想的是"我想不想"，我说"这个项目你来负责"，他第一反应是说"我不想干了，这不是我感兴趣的"。这种人非常清楚自己想要的是什么，我是可以和他沟通的。另一类想的就是"我行不行，我配不配"。我觉得这一部分人，他们最大的问题是他的行动力特别欠缺。因为我有的时候也会有这种畏难情绪，我在避免失败，我本来就不配做这件事，那没做好也很合理。可是如果这件事情与我的能力相匹配，但是没做好，这说明我很无能。我就要想办法提升我的能力，这好累啊，所以我就预先把这件事拒绝了。

肖　骁 → 你在职场当中遇到这样的员工会怎么处理？你会跟他讲道理吗？还是以后关于他的工作，你完全冷处理？因为这个人在你眼里，不是一个合格的员工，或者已经被扣分了。

梁秋阳 → 一个人的能力和性格是二分的，如果他的专业技能或者在某些方面的能力很强，我会愿意包容他。我会运用一些技巧引导和带领他，我愿意在他身上花一些时间成本帮助他成长。我觉得最核心的就是我会花点时间陪他一起找到他在职场中最想做的一件事情。

肖　骁 → 最核心的是找到他的价值感。

4. “安陵容化”的情绪越来越有年轻化趋势

梁秋阳 → 我一直在看安陵容的故事，其中令我最困惑的一件事情就是，她真的喜欢甄嬛吗？我很质疑这一点。她进宫之后，好像也没有什么别的选择，莫名其妙很喜欢甄嬛，之后很多行为都是围绕甄嬛来的，但是安陵容真的很喜欢这样吗？我觉得未必。她从来没有意识到自己可以选，她甚至可能未必想要进宫。因此她做的所有事情都是缺乏动力的。如果真的有一个这样的员工，她能力还过得去，我会愿意找一找她真正想做的事情。但是如果她又作又没有能力，那大家好聚好散。

肖　骁 → 所以你觉得员工没有野心是不重要的，但是她一定要有能力。

梁秋阳 → 我觉得每个人心底都有野心。

肖　骁 → 其实安陵容也有。

梁秋阳 → 安陵容肯定有。

肖　骁 → 现在职场上竞争压力很大，所以人们心理压力也很大，这会使大家情绪加速安陵容化。你会有跟她共情的时刻吗？因为很多人都说“其实我们人人都是安陵容”。

梁秋阳 → 是的。

肖　骁 → 你在某一个瞬间也会产生这样的情绪？

梁秋阳 → 会的。

肖　骁 → 我觉得你的自我分析能力已经非常强了，但是你还是会出现“安陵容化”的情绪瞬间。那你会不会觉得现在这种“安陵容化”的情绪变得有年轻化趋势？

梁秋阳 → 有，因为我觉得年轻人越来越安陵容的原因是大家对未来的预期和原来不一样了。比如，在六年前，整个内容付费行业里卖得最好的课是“个人提升”类课程，因为那个时候大家都相信自己可以凭借个人的奋斗改变一切。没有谁会觉得“我不配”，而是“我非常配，只不过我还没有抓住机会”，机会就在眼前。但是现在卖得非常好的产品都是情绪疗愈类的，我们很少看到有人在抖音上去刷数学题。短视频更多的是我们情绪宣泄的出口，没有让我成为一个更好的我。所以大家的情绪变得越来越“安陵容化”，我觉得这个情况和大环境的预期投射有关系。

肖　骁 → 但老实讲，安抚情绪的课程多少也提供了一种情绪价值。

梁秋阳 → 是，当然。

5.
我们都要有 say no 的勇气

肖　骁 → 安陵容和甄嬛友情的建立是因为甄嬛是第一个在深宫当中向她释放善意的人。对于彼此的友情，她们的预期是不太一样的。安陵容把甄嬛当成了深宫中唯一的一根救命稻草。但是对甄嬛来说，安陵容就是日行一善的行为结果。在这样的关系和期待落差中，两个人一定会在友情、道德感或者心态上面产生参差。比如，在男女感情关系中，有些人抱着试试看的心态，但有些人是把对方当结婚对象。两个人对未来的预期不一样时，很容易产生安陵容心态。

梁秋阳 → 是的，两个人的源动力不一样。任何时候一个人把生活的所有期望放在一件事情上都好危险啊。

肖　骁 → 两个人谈恋爱时，最容易发生矛盾的情况是一个人需要空间感，而另一个人需要安全感。这个也导致了很多人“安陵容化”的情绪，这部分人的特质就是“高敏感性”。除了我刚才说的双方期待不同，还有什么原因可以造成高敏感？

梁秋阳 → 当他把注意力更多地放在自己身上，而不是外部的世界时，也造成了高敏感。比如，看到一个非常美丽的黄昏。有一些特别注意观察外界的人，他们看到的是院子里的风景；有一些很注重事业的人，他们想到的是今天晚上的行程安排；有一些人很注重内在感受，他们想到的就是看到黄昏的自我体验感受。自我执念太深的人容易变得特别敏感。

但是内在感受很有价值，因为他们能体会到很多别人体会不到的东西，对于普通人来说是日升月落，但对于罗翔来说就是“爱意日升月落，浪漫至死不渝”。这是敏感的人才能说出来的话，很多从事艺术工作、内容工作，甚至是销售工作的人，都能够从这种特质中受益。一个敏感特质的人遇到一个敏感的客户，客户会觉得这个人特别懂自己。但敏感的人确实会面临一个很大的问题就是他会很累，因为不是每个人都配得上他的敏感。之前有一个老师跟我讲了一句话，对我启发特别大，他说："秋阳你很真诚，你对谁都有话直说。这是一个特别宝贵的品质，但你知道吗？因为它很宝贵，所以它不值得你对每一个人都用。"

肖　骁 → 我们要有 say no 的勇气。

6. 我们慢慢被互联网驯化得"安陵容化"

肖　骁 → 高敏感特质不是一种疾病或者状态，而是一种比较稳定和持久的人格特征。他们往往会注意到别人错过的一些小事，因为他们感官的加工敏感性强，区别于感官本身的灵敏度，这个特质更强调的部分是"加工"。

梁秋阳 → 你觉得你高敏感吗？

肖　骁 → 我不觉得我高敏感，我很容易得罪人。我的风评并不好。

梁秋阳 → 我觉得得罪人是一回事，因为其实你就算很敏感，你也很容易得罪人。你总会得罪一些人。我举个例子，你今天打开微博搜“肖骁”，发现有个人在骂你，理由不重要，反正他在骂你，你会不开心吗？

肖　骁 → 我现在没有办法说我不会。

梁秋阳 → 对。其实互联网一开始出现的时候，大家会把它当作一个可以自由分享一切的乌托邦。我小时候逛文学论坛，在上面写小说。那个时候论坛的文学水平之高，我认为远胜现在每一年大部分的出版物。那些人有那么丰沛的才情，他们不想着上电视。他们只是愿意跟人分享自己今天写下来的故事。那是一个现在想想都让人要流泪的田园牧歌的时代。现在互联网的所有东西都是流量。一个人写出来再好的东西不能变现，就什么都不是。

现在我们做课有的时候我都愿意免费给别人，包括很多人问我辩论的问题我也愿意解答。有时候我手边没有签名书，就直接把我的原稿发给别人，他不要给别人就行了。我就直接发个 Word 文档过去，对方也很震惊。我说无所谓，反正就是分享。但现在更多人可能会觉得，互联网没有那么值得拥抱，他没有想过互联网是值得拥抱的，对他来说这更像是消费场所。

肖　骁 → 我也剖析过现在的互联网，我们和00后对互联网的态度是不太一样的。因为我们经历过那个田园牧歌的时代，但是当00后开始接触互联网的时候，互联网的舆论已经变得更加的公开化和透明化了。比如，之前录《奇葩说》的时候，有些人说我们有剧本。当这些网络评论出现的时候，你会告诉自己这些人不了解你，你不需要跟那些不理解你的人争辩，但是你心里一定忍不住"咯噔"一下。我会觉得我们慢慢被互联网驯化得"安陵容化"了，后来我在发表言论的时候会加很多前缀，比如"当然这是我自己的看法""这不代表所有人""这是一个我朋友的故事"等等，我发现分享变成了一个需要非常小心翼翼的事情了。

梁秋阳 → 曾经一条微博只能有一百四十个字，你用一百个字是去提防冷箭，预先回答那些恶意的质疑的时候，你就没有多少字可以用来讲真正有价值的东西。这已经是一个"安陵容式"的养成状态。我们为什么会有这样的变化？因为某一天我不觉得我在《奇葩说》上说了值得被浸猪笼的言论，可是就有人在评论区用我都想不到的恶毒语言来评价我的时候，我会忍不住去思考一个问题，叫作"是不是我做错了什么？"

肖　骁 → 看很多评论，网友自己也在慢慢地被"安陵容化"，现在被攻击的不仅仅是公众人物。

7. 在架空的场景里最不容易敏感

肖　骁 → 你有办法解决这个情绪吗？还是你也跟这种情绪共处了？

梁秋阳 → 解决这个问题的方法说起来有点搞笑，但我觉得就是打辩论。黄执中之前讲过一个很有意思的事情，他发现，特别多内向的人，很多社恐的人在辩论当中过得非常的快乐。

肖　骁 → 例如颜如晶吗？

梁秋阳 → 如晶有点没有代表性，她天赋太高。很多人在辩论中能很快乐的原因，是辩论给了他一个跟别人深度沟通的机会，而深度沟通永远是一件让人特别愉快的事情，因为人天生就是群居动物。如果没有辩论赛的话，一个人可能很难想到自己有一天可以跟别人聊罗曼·罗兰，聊作者对于作品能承担的责任极限，聊读者能在多大程度上曲解一个作品。因为没有人要陪你聊，你也不想跟莫名其妙的人聊。但是辩论赛给你提供一个场景和动力，让你愿意跟别人聊，不管输了还是赢了，等你聊完，那种彼此深度交流的感觉是非常爽的。在聊天的过程中使用辩论技巧中的“角色概念”。比如，两个人回到家，你说“你今天怎么样？”，他说“就那样，”“嗯，”“哦，”就结束了。

你抱怨“为什么你每天回家跟我都没有话说？”他心里就会想：“啊，不然嘞？我跟你说什么呢？你问我今天过得怎么样，我除了说就这样，我要跟你汇报工作吗？你也不想听吧？”

肖　骁 → 其实就是平平无奇的生活要怎么分享？

梁秋阳 → 所以这个时候你需要的是把他带入到另外一个场景里面，让你们有更多可延伸的话题，让大家感觉到安全。比如，你问“今天过怎么样？”他说“就那样。”你说，“有你这么跟朕说话的吗？”他的第一反应会觉得你是不是神经病？但是，但凡他那天心情没有那么糟糕，他可能会说“你以为你是谁？你还‘朕’？你最近看了什么电视剧？”这就已经多出另一个话题，如果他心情更好一点愿意跟你聊，说“就算是皇上也没你这么当的呀，皇上也没问我，究竟你想知道啥事啊？”“哪有你这么当皇帝的呀，你这不是昏君吗？”然后就开始聊起来了。

肖　骁 → 但是万一我说“你怎么能这么跟朕说话？”然后他说“你以为你是谁啊？”结果两个人开始吵架，这合理吗？

梁秋阳 → 我觉得吵架也比不说话好。

肖　骁 → 这个我认可。

梁秋阳 → 你建构了一个虚拟场景，所以就算有冲突也是虚拟场景里面的“皇帝”和不知道什么职位的那个人之间的冲突。如果你很容易代入安陵容那种敏感的特质的话，那就在生活当中找一个别的场景。在一个架空的场景里面不容易让你敏感。

8. 大家缺的不是无私，而是自在的自私

肖　骁 → 我觉得安陵容文学中的“我不配”是可以被取代的，可以换一种可爱的说法，因为自嘲是一种非常强大的能力。比如，如果打辩论我要面对黄执中，我觉得我打不赢他，我不会说：“我不配跟他打。”我会说“要赢的前提是我们要先去把他毒哑”。这样换一种表达会更好。

梁秋阳 → 这是用最嚣张的语气讲最㞞的话。

肖　骁 → 对，很多时候我们对一件事情会有本能的抗拒，我们知道自己到底是不是在能力上面有一些欠缺，但是“我不配”可以用讲段子的形式说出来。大家可以做一些预设，比如，领导要给你一个很好的工作机会，你内心觉得受之有愧，或者是认为能力没有到这个级别，你不用说“我不配”。你可以告诉他你为什么不配，讲得具体一点，我们都知道有很多东西是力所不能及的。但是与其非常粗暴地讲“我不配”“我不值得”这种话，不如思考一下，能不能有一个更好的话术。

梁秋阳 → 我建议职场人士都自私一点，不要有“我干得不好，好自责啊”“我会不会连累老板、辜负他对我的信任啊”类似的想法。很多会带入安陵容心态的人本身都是善良的，是利他的，他们非常怕给别人添麻烦，不愿意找别人帮忙。我觉得有的时候你可以自私一点，只要你开心、你有成长，就算这件事情真的办砸了，也不会怎么样。大家缺的其实不是无私，而是一种自在的自私。

9. “冒犯”是一种能力

肖　骁 → 我其实在想一件事情，虽然人和人之间的交往设立边界是非常重要的。但是我会觉得“安陵容人格”的人给自己设立了太多边界。他们总是在判断自己做这件事情别人会不会喜欢。其实我觉得“冒犯”也是一种能力。

我觉得两个人之间的感情要想往前走一步，一定是有一方先“冒犯”了另外一方。所以，我自己的社交手段是面对不熟悉的人会莫名其妙地开一些玩笑，这需要大家去练习，因为如果你太在乎别人喜不喜欢你，那么，这本身就是一个让人不太喜欢的特质。

不管是做什么样的工作，人设都是非常重要的。在人际交往的过程当中，人设一旦建立，人做很多事情是可以合理化的。不管是在职场和爱情恋爱关系当中，一旦“安陵容人格”的人设建立起来，你做什么事情都是不可爱的。所以我们如何去掉“安陵容人格”这个标签？

梁秋阳 → 我觉得唯一的办法就是找到自己想要的东西。很少人会问自己“我想要什么”。“安陵容人格”的人最常问的是：“他怎么这样对我？”但很少有人想过：“我希望他怎么对我呢？”因为当他问完这件事情之后，他必然会思考下一个问题，叫作“那我怎么样去做到这件事情？”这之后整个人就被调动起来了。所以其他人对他的观感就是一个非常生动的人。别人不会觉得他死气沉沉的。安陵容所有的行动都是被动的，都是被刺激后产生的。如果一个人能够主动地扑向一个目标，那个时候他一定在人际交往当中很有吸引力。

肖　骁 → 一定要搞清楚你自己到底想要什么，目标应该是非常具体的事情，比如，我想从这个人身上得到什么，不一定是非常功利的，哪怕是我希望从他身上得到关注。这个时候一定要思考的不是“他喜欢我做什么”“他不喜欢我做什么”，只要能引起情绪的做法就是好的做法。举一个例子，我希望秋阳见识到我的辩论能力，那我这个时候一定不会在他面前表现出我很谦卑，我虚心请教什么等等，如果真的想让他意识到我很喜欢辩论，一定是在场上交锋时展示，而不是说“梁秋阳不会觉得我没文化吧？”“我讲这个话，他们那些专业辩手不会瞧不起我吧？”我觉得这个话是非常“安陵容人格”的话，不管是不是专业辩手都会非常讨厌听到这种话，观众也不会喜欢看到选手自怨自艾。我希望一个人能够喜欢我，不一定要在他面前做得滴水不漏，不断揣摩他的心思和逻辑。

梁秋阳 → 如果你揣摩完之后，逼自己按照他喜欢的样子去做。那即便他喜欢你了，你也不会高兴。因为现在的你不是你，是你刻意做出来的，你要用一辈子去期待别人能够喜欢原来那个你。可是由于你演得实在太好了，所以导致这辈子都没有人发现真实的你到底是什么样子，他们当然也就没有机会喜欢上真实的你。然后你就会沉浸在这种挫败和失落之中永远没有办法走出来。所以第一步你应该先试着让别人知道，真实的你到底是什么样子。

肖　骁 → 是，其实我特别相信“安陵容们”的情绪不是无缘无故产生的，刚才分析了很多原因，我们是否在不知不觉中把彼此逼成了“安陵容”？我们很讨厌这种情绪，但是是不是也给自己建立了特别多的边界？为什么现在所有的人说话做事情越来越小心翼翼，不仅仅因为他的敏感，而是身边的人在慢慢地“安陵容化”，谁能说自己不是幕后的推手呢？简单来讲就是，有一些人的“安陵容人格”是被我们逼出来的。

10. 总结

肖　骁 → 其实我想要告诉大家，安陵容这个人物角色的形成是在封建王朝时期。在那个历史阶段中有非常严重的门第观念和等级的区分，但现在已经不是这样的社会了。不管大家处于什么阶层，每个人都有更多的平台和出口，我们能够平等地对话了。很多时候是自己在心中告诉了自己，说“我不如他”“我不配”“我不值得”“他比我高级”等等。这个世界上没有什么“配不配”或者“值不值得”，能够给你的人生下定义的，不是你的爱人，不是你的老板，甚至有的时候都不是你自己。可能只有当我们这一辈子尘埃落定的时候，才能够去衡量，这一辈子我过得值不值得，我配不配得上现在拥有的一切？既然我们不想成为安陵容，那么从现在开始就要有作为。

梁秋阳 → 我听过一句话特别感动，“人类是一种特别矛盾的生物，当他每一次挥挥手说‘这不可能，我肯定不行的时候’，他内心深处期待有一个声音告诉他‘你其实可以的’”。不管你是要接手一个你从来没有想过的项目机会，还是有一天你有机会拥有曾经梦寐以求的生活，你一万次地推开它时都是希望对面有一个人，可以一万零一次地把它再递回来给你，你想在那个时候就把它收下来，但很多时候这个世界是会让人失望的，并没有这样一个人存在。今天我们可以告诉自己没关系，就算没有这样一个人存在，我们可以自己把它拿回来，因为我们是值得的。这个世界上，也许我们不是最好的，但也未必存在谁比我们更好，更值得。所以如果有一天我们发现，在这个世界上有很美好的事情，令人心动的事物，就去追求它吧，失败了也没关系。因为“美好”意味着，除了那个事物以外，还有存在着发现事物美好的意义。当我们不存在的时候，那个事物的美好也不存在，是我们发现了它，所以去追求它。

肖 骁 → 你在心里面告诉自己“我不配”的时候，想想其他人值不值得。这个世界上有太多的好东西，可能你一开始接触的时候会觉得自己够不上，但是我觉得有什么东西你就接着就好，这个世界上不存在“德不配位”。有些东西给你了，就是你的。我们没有办法在第一时间帮大家消解自卑情绪或高敏感特质，但是我们可以找一个非常有利的方向。我们没有办法跟大家讲，自信一点，你会拥有自己意想不到的好东西。但是大家或许可以“自私”一点，自在一点。

BEGINNING

PART

5

富人入场券 or 韭菜收割机

嘉宾

冬梅 + 大山

嘉宾：冬梅

年龄 → 39岁，资深脊金兽

奢侈品销售这个职业做了多少年 → 18年

每个月的薪资 → 保密，薪资跟销售成绩和品类是挂钩的（差不多每个月两三万）

专业 → 旅游管理（很多奢侈品品牌都比较喜欢酒店管理和旅游管理专业的人）

目前服务的品牌有没有带不动的货 → 当然有了（同等单价，但是没有logo的产品）

有没有在背后说过某个顾客的坏话 → 这个应该都有

嘉宾：大山

年龄 → 41岁

奢侈品销售这个职业做了多少年 → 23年

职业 → 专业供养脊金兽

你们俩谁赚得多 → 肯定不如她

专业 → 酒店管理

目前服务的品牌有没有带不动的货 → 很多品牌没有logo真的很难带

MIX AND HIS GOOD FRIEND

0. 序言

这一章想跟大家聊的主题是“奢侈品行业背后的那些故事”，我请到了两位从事奢侈品销售的朋友。看看他们是否符合影视剧当中看人下菜碟的形象？他们有没有遇到过一些非常刁钻、非常难搞的客人？以聊天为主，也希望让大家对奢侈品消费有更新的概念。很多朋友可能对奢侈品有自己的概念，比如说很多人会说，人生一定要拥有一只奢侈品包包，它可能唯一装不下的就是我的野心……我们听到过很多这样的话，有些人说这是虚荣心在作祟，但是也许人家是出自对美的向往或者是对一些品牌价值的追求，所以谁都不要去苛责彼此的消费观念，我的两个朋友，冬梅和大山，来自大家都能够叫得出名字的一线奢侈品品牌，跟他们来聊一聊，奢侈品行业有没有一些“见不得人的勾当”。

1.

花一个月工资买包值得吗

肖　骁 → 之所以找两位来聊奢侈品销售这个话题，是因为很多人都觉得奢侈品跟平常人的生活离得比较远。很多人要花一两个月的工资，去你们的店里面买一个包。有些人不认可、不理解这样的行为，会疑惑："哇，这算不算是超前消费？""这真的值得吗？一个包又不能吃。"有人认为花一两个月工资买包的人就是有虚荣心，你们怎么看？作为奢侈品销售，你们见过很多有钱人，但是一定也会见到花几个月的薪水去买一个包的客人，你们能够理解吗？冬梅先讲一下你的感觉。

冬　梅 → 我可以理解呀。因为在我身上也会发生这样的事，比如我工作一两个月，也会用工资去买我很喜欢的奢侈品。对于我来讲，买的是开心。

肖　骁 → 情绪价值。

冬　梅 → 对，情绪价值。还有，像你刚才聊的这一部分人群的话，他们购买的应该是他们的梦想，肯定是真正喜欢这个东西的，所以才会花自己两三个月的工资去购买。

大　山 → 我在这个行业做了这么多年，其实会有很强的嗅觉。遇到过一些有消费能力的顾客，也遇到过消费不起的顾客。我让他们回去努力攒钱，好好工作。官方的话会有很多，我最后会唠一句：“这是你的目标，请努力工作。”

冬　梅 → 他比较会造梦和共情。

肖　骁 → 我觉得一个好的奢侈品销售跟平常的销售可能还不太一样，平常的销售主要推销的是产品的实用性、优惠力度等等。我觉得奢侈品销售除了要卖这些东西以外，最重要的是要懂得销售梦想。要让顾客知道你现在买的这个包、这件衣服，你拥有了，人生会变得不太一样。

冬　梅 → 我也曾经为了买到一件香奈儿外套，高兴得一宿都没睡着觉。虽然我至今没有穿过，但是摆在那儿我也是高兴的。

肖　骁 → 是，我们绝对尊重每一种生活方式。一笔钱，有的人花在吃上，有的人花在住上，为什么不能接受有些人把它投资在奢侈品上面？我觉得我们要尊重每一种生活方式。不一定要靠买奢侈品来证明自己在这个世界上的价值。一个包不能说明你的价值，但我们要讲的是，如果有人这么想，是没有错的。电视剧《三十而已》中，王漫妮遇到一个穿着非常朴素的顾客，她没有挑三拣四，依然耐心服务，那个顾客不显山不露水地一次性消费了几百万的东西。你们会遇到这样的客人吗？你们会不会看人下菜碟？

冬　梅 → 曾经做小白的时候会有这样的想法。但是经历久了，眼光就比较犀利和独到了。

大　山 → 有钱人的自信不是能装得出来的。所以我们和他的眼神交流、语言细节都是可以靠经验捕捉到的。

2. 奢侈品销售是理解顾客的心理和诉求

肖　骁 → 你们跟一些比较难搞的客人发生过激烈的正面冲突吗？也可以说说你们遇到最难搞的客人当时发生了什么事？会有很暴发户的客人对你们颐指气使吗？

大　山 → 我经历过很有意思的一件事。顾客在我这里买双鞋，有一天她来店里，拎着高跟鞋说："你们家鞋的质量这么差呀？我只是穿了一下而已就花成这样了。"我说："你别着急，坐过来看一下。"我拿出她的鞋一看鞋面，高跟鞋的鞋面全烂了。

我和这位顾客关系还不错，我个人的行事风格又属于大大咧咧类型的，我说："你喝了多少才摔成这样的？"她说："我没喝酒啊。"我说："首先啊，正常情况下鞋的磨损都在脚底，要不然就是断跟，比如踩到了井盖断根，但是没有鞋面磨成这样的。"但她就打死不承认。我说："这么着吧，我给您找个师傅修一修，看大概报价多少钱。因为这不属于正常磨损，这属于人为磨损。"后来就找师傅给她大概报了一个价，她一听价格挺贵，觉得修没意义就不修了。我问她："到底喝了多少？"她说"其实也没喝多少。"事情就这么解决了。她就是不承认，反过来赖东西有问题。其实是自己喝多了摔倒了，最后解决方式是再买三双。

肖　骁 → 你们觉得比较苛刻刁钻或者是要求比较多的客人，她是消费能力比较强还是比较正常？因为有很多人会觉得有钱人就是这样的态度，但其实我身边很多朋友的条件还不错，都是比较有礼貌的人。

大　山 → 很多顾客的确很刁钻、不讲理。但其实这是因为很多顾客给的需求信息是一种模糊的个人感觉。而我们的产品是实质化的东西，如何让实质化的东西去契合他们的感觉是一件很难的事情。

肖　骁 → 所以要非常理解顾客的心理和诉求。

3. 奢侈品到底是不是消费陷阱

肖 骁 → 如果有人想要进阶到奢侈品销售，这个行业的门槛差不多是在哪里？比如有的人外形不错、很会说话，学历可能一般，这样的朋友有机会进入这个行业吗？招聘门槛大概有多高？对新人会有什么要求？

冬 梅 → 外形好又很会说话，这两点已经非常满足这个行业的招聘条件了。如果是行业小白的话，主要看外形。男生够帅，女生长得够漂亮，并且谈吐、气质符合奢侈品销售的标准就可以了。

肖 骁 → 这是一个很看脸的行业？

冬 梅 → 那当然了呀，因为所有的奢侈品销售的店员也代表着他所销售的品牌形象。

肖 骁 → 比如一个人以前做过其他产品的销售，现在想转型到奢侈品行业，除了外形，其他方面有要求吗？

冬　梅 → 如果是行业小白，会比较注重他的外形条件，但如果是有过销售经验的人，就要用销售数据说话。比如一个人外形一般、谈吐一般、学历更一般，但是他有很惊人的销售数字就会很有说服力。

肖　骁 → 奢侈品除了具备实用价值，品牌价值也备受关注，甚至已经变成一种社交货币。电视剧《三十而已》有一个情节，顾佳因背的包不够高级而在太太们的合照中被截掉。后来，她为了拿到“太太圈”的入场券托关系买了更高阶品牌的包包。所以当奢侈品品牌被赋予了社交价值之后，算是一种消费陷阱吗？一个人用奢侈品可以象征自己的身份吗？

冬　梅 → 我觉得你这个问题问得特别好。首先奢侈品针对的客人就是非常有经济实力的客人。

肖　骁 → 但也有一些人打肿脸充胖子的吧？

冬　梅 → 对。但如果他是用奢侈品来社交的，那肯定有一定的社交能力的。如果你想认识有社会地位的或者有经济实力的朋友，那他们一定会拥有这些奢侈品。

大　山 → 奢侈品在这时就相当于入场券。

肖　骁 → 我觉得这会让大家开始攀比。如果奢侈品是社交货币的话，那一开始就要买那个最贵的吗？如果通过奢侈品把人划分成三六九等，那我们可以相信在奢侈品品牌中也存在着鄙视链。比如我买一个普通牛皮的包，一定有人买稀有皮的……你不会觉得这个东西是比不完的吗？

冬　梅 → 奢侈品包包可以作为两个陌生人关系破冰的开始。它不限于你背什么品牌的包。进入一个圈子的敲门砖有很多种，包包只是最常见的一种，还有很多珠宝。比如你戴了一款某品牌的珠宝。对方了解，那就说明他真的是在这个圈子里面。如果你戴着珠宝，对方看不出来，他就未必在你想进入的圈子里面。

肖　骁 → 把奢侈品当成社交货币或者是某一个圈层的入场券是因人而异的。大家要思考一件事情，你们进入那个圈层后真能被别人认可吗？你会因为多了一只奢侈品的包就被别人承认吗？如果你相信这件事情，或者你觉得背了奢侈品品牌的包就莫名其妙地背出了一股自信，多了一种走路带风的感觉，那另当别论。我们不会告诉大家奢侈品就是上流社会的入场券，这不是我想传递给大家的。

4. 宁可不赚钱 也要坚持自己对时尚的认知

肖　骁 → 某品牌的前CEO曾经说过一句话：“奢侈品是一种挣得的物品，得到的阻力越大，人们想要得到的欲望就越强。”我觉得这句话有一定道理，为什么奢侈品值那么多钱？可能是因为工艺，还有品牌价值，另外它在某种程度上是限量的。

你们会利用消费者的心理做销售吗？

大　山 → 有些产品的原材料就是很稀缺。比如Loro Piana的一些Vicuña，它的骆马毛每年的定采量就是这么多，所以很稀缺，价格会很高。但是它的功能性、设计感都值得那个价位。反观有些产品材料的开采量是可观的，如果依然利用这种心理进行销售的话会扰乱市场。

肖　骁 → 奢侈品之所以称之为奢侈品，除了它的价格门槛，还有就是数量的门槛嘛，对吧？那现在品牌的价格每年都在上涨，你们会有销售压力或者业绩压力吗？

冬　梅 → 销售压力会有的。

肖　骁 → 你们在做奢侈品销售的过程当中，会看到一些所谓的消费陷阱吗？你们有给顾客设置过消费陷阱吗？比如你会不会和顾客说“这个衣服就只有你穿得出来”“这个衣服全国就两件，其中一件就被你拿走了”之类的话。

大　山 → 这不是销售技巧吗？我觉得这是一个褒义词。

肖　骁 → 有一些客人穿那个衣服或者提这个包不合适，但是销售会讲一些让她比较满意的话。这是销售技巧，不是消费陷阱。所以你们用过这种手段吗？

冬　梅 → 我在销售圈子里算是非常实在的人。如果顾客选择的产品风格我觉得看不过去了，我会让她选择或者尝试其他的产品。

肖　骁 → 宁可不赚这份钱，也要坚持自己对时尚的认知和原则。

5. 总结

和两位朋友聊奢侈品的话题，是想让大家懂得要把每一分钱都用在刀刃上。我们绝对不是帮任何一个品牌宣传，也不是要让大家规避所谓的消费陷阱。只要你愿意买单的东西，就没有什么所谓的陷阱。希望大家有一天都能实现财富自由。希望大家不要看到一个很贵的包就认为它是身份的象征，它只是一个置物的容器。希望看到这里的朋友都可以芝麻开花节节高！

第二辑

消灭孤独感

↓

总有一句吐槽精准命中你

BEGINNING

PART

1

社恐离开了社牛会怎么样

嘉宾
黄执中

↙ **嘉宾：黄执中**

年龄 → 48

工作 → 上课

MIX AND HIS GOOD FRIEN

0. 序言

我们这次要聊的是有关“社恐”的话题，主要聚焦孤独感很重或者是和社会格格不入的人。为什么想跟执中聊这个呢？我记得很早以前执中讲过自己小时候是有一点点回避跟别人交流的，直到有了辩论之后，他才找到了一个跟别人沟通和交流的方式。

1. “社恐”其实是另一种“社交期待”

肖　骁 → 执中，你觉得自己是“社恐”的人吗？

黄执中 → 我还蛮严重的，跟人社交，对我而言是有压力的。不过我不是很喜欢“社恐”这个词。因为“社恐”，好像是我们恐惧社交。但在我看来，大多数人都不叫“社恐”，应该叫“社交期待症”。他们对社交有不同的期待。由于现在这个社交没办法满足他的期待，所以他才会去回避它，他并不是真的恐惧社交。

肖　骁 → 我怎么觉得你现在已经在用辩论的方法解读我们的话题。

黄执中 → 不是不是，我们身边那些平常会被形容为“社恐”的人，其实也包含我自己。我也在观察自己，我说我是“社恐”没有错。可是我仔细观察过，我跟好朋友聊天或者相处的时候会恐惧吗？我不会恐惧，我很喜欢。比如如晶，你比我跟她更熟，你觉得如晶是个“社恐”的人吗？

肖　骁 → 我觉得她跟熟人不“社恐”，而且她现在变得有点过于活泼。

黄执中 → 对，所以这件事很微妙，我觉得如晶应该也算“社恐”。可是你仔细观察之后，发觉她其实是一个很需要社交的人。从某种角度来说，她比你我更需要跟朋友相处。所以我有一种感觉：多半的人都不是恐惧社交。回避是因为我们和不对的人交流，会觉得身处于不舒服的环境，那种社交满足不到我的需求，所以我就会逃开它。

我很佩服你的一点是，在我的眼里你不是“社恐”。今天这个社交环境，我觉得我都待不下去了，可是你依然可以在这种环境活跃很长时间。有点像是淡水鱼和咸水鱼，如果盐分浓度一改变，我就会觉得这个环境可能待不下去，可是你几乎能适应各式各样的环境，这点我觉得特了不起。

肖　骁 → 所以你觉得“社恐”这个词不是指恐惧或者抗拒社交，而是在期待社交，或者说是对交流的标准比平常人更高，可以这么理解吗？

黄执中 → 真正意义上的社交恐惧，就是只要跟人相处，就会觉得有压力，冒冷汗，心跳加速，不舒服。这种有病理体现的、真正意义上的社交恐惧的人其实很少的。

大多数自称社恐，或者是不喜欢出席社交场合，符合这种情况的人多半不是病理上的社交恐惧。如果我对于社交的期待是八十分，而现在这个场合只能提供给我六十分的满足感，我会很不自在，会不想待在这里。可是你的弹性是很大的，甚至在八十分的局、九十分的局，甚至在三十分的局、四十分的局都能够悠游自在，你的期待相当有弹性。我是很容易对社交失望的，一旦发觉这个场合不太对，我觉得我会失望，就会不想待在这儿。所以你这个叫什么社交恐惧？

2.

与我的社恐相处融洽

肖　骁 → 我可能跟你的情况真的不太一样，我觉得到了你的言论场，你简直不是社恐，你是非常社牛好吗？能不能讲一件让社恐人快速共情的事？

黄执中 → 有一次，我去参加了一个朋友的聚会。那个聚会里的人有一半我认识，另外一半不认识。在那个聚会里，我做得最多的一件事情就是喝水。因为我不知道干什么，吃饭的时候我也不好意思刷手机，所以我就喝水。

肖　骁 → 之前有一些剧讲到“很多人‘社恐’是不能放任内向的人待在自己的小角落”，很多人是在独处，不用社交。他是可以享受孤独的人，所以会说“‘社恐’是一些人的礼物”，这句话你同意吗？

黄执中 → 我很同意。一般人可以享受孤独，可是我不是很喜欢把遇到的困扰或是难处，都说这是上天给你的礼物，好像上天特别喜欢谁似的。它就是一个特质。“社恐”是特质，“社牛”

也是特质。一个人内向或外向，勇敢或胆怯，都是特质。你要说礼物，那每样都是礼物，一个人胆怯是上天给你的礼物，恐惧也是礼物，嫉妒也是礼物，难过也是礼物。我觉得老天爷没那么闲。你就好好理解自己的特质就好。

这样的“礼物”好像是你不能改，不能抛弃它，但不是这样的，人是很有弹性的，人可以改变。我也不是说改变好或不好，只是你把它当成礼物，那就已经把这个特质给教条化或是神圣化，让它变得不可变化了。

肖　骁 → 我也特别排斥把所有的负面情绪讲成进步的动力。

黄执中 → 我记得我小时候也听过类似的话，那时候我特别喜欢的一样东西丢了，有人劝我“这是老天爷给你的一个机会”或者“给你开了一扇窗”。我心想“什么东西”。没丢最好，丢了我也能学着接受。我可以接受独处也是一种乐趣，这我是完全同意的。

肖　骁 → 但是我们不要再把负面情绪讲成礼物，然后用这种话去激励别人做什么事情，因为冷暖自知，可能大家并不享受。

肖　骁 → 如果有一杯水，可以让你不再抗拒社交，你会喝吗？

黄执中 → 我不会，因为我现在 48 岁了。坦白讲，我对我身上的所有缺点、个性上的所有不足之处都已经摸得很熟，而且已经学会如何相处。这杯水喝了之后会改变我，我又要重新适应，那特别辛苦，我不要。我现在已经跟我的社恐相处得非常融洽了。

3. 从社交场合获取能量

肖　骁 → 刚才执中说“社恐”这个词他不太喜欢，但是社交恐惧症确实在临床上有一些案例，被大家直白地称为“对视恐怖症”，有一些人严重到无法与他人进行眼神接触，在社交场合不敢直视。《变态心理学》定义说：“社交恐惧症是指对一种或者多种人际交往存在持久的强烈恐惧和回避行为。”简单来说，就是除了特别熟悉的亲友外，跟谁打交道都会觉得不自在。这是不是已经有点自闭的倾向了呀？

黄执中 → 你刚才讲了一个行为，就是强烈的恐惧。我们一般人的社恐多半都是厌恶，觉得和这群人话不投机半句多，相亲不想去，见生人好有压力，其实多半是厌恶、厌烦。明确已经到达心理学领域的恐惧症的人其实是少数。如果你真的有这种情况，可能要寻求专业的帮助。

关于社交，大多数人可能都觉得烦，觉得累，这很典型，因为你也听过内向跟外向补充能量的理论。

有些人属于可以从社交场合获取能量的人，比如，你和朋友相处以后回到家觉得全身力量都来了。一看到朋友都在，不管认识的、不认识的，都能够交到新朋友。社交帮你获得了很多能量。

对我们这种人而言，社交场合是一个释放能量的过程。我常常参加完一个聚会，回到家精疲力竭，觉得浑身能量都被抽干了。因为对我而言，跟别人相处是一个能量被吸走，我必须不断点燃自己的过程。

所以你说我们这种人会不会有社交方面的负担呢？会的。既然是一件释放能量的事情，我就会觉得累。如果跟这几个朋友都还算熟，他们人也有意思，那么我回家虽然累，但今天晚上跟他们相处还算值得。可是有时候的应酬场合里都是八竿子打不着的人，或者我都不知道聚会的都是谁，那我当然会想要躲开。可这不是那种发自内心的恐惧。

如果有人告诉我跟这些人相聚一晚上给我一百万，那么我是可以接受的。有恐惧症的人没办法克服心中的恐惧，可是我只是厌恶，我可以克服心中的厌恶，这是有差别的。

肖　骁 → 可能像执中这样对社交有期待的，会觉得在社交的过程当中会消耗到自己的朋友，我们看一下能不能找到解法。执中在一开始就给大家的心理做了一个疏导，大部分人对社交并不是恐惧，可能只是期待值过高。这么说的话，我觉得很多人都会释怀。

黄执中 → 像我们这种在社交场合被点燃释放能量的人都有一个特色，为什么我们在释放能量？因为在跟人相处的时候，我们会很在意别人对我们的评价。见到一群人，尤其是陌生人的时候，我们会在意在别人眼中自己是什么样的形象，别人会怎么评价我，我该如何满足别人的期待，我如何不要让别人失望，我要怎么做反应……这当然会很累。

可是我观察很多“社牛”的人，他们有个特色是他们不太在意别人对他的期待，也不太在意别人对他的评价，他很自在，所以他获取了能量。

肖　骁 → 是一种“我自己喝高兴了就行”的状态。

黄执中 → 千军万马当中，独来独往，旁若无人，这种状态是我非常羡慕的。我举一个具体的例子，我去饭局最困扰的一点就是不知道什么时候散。一顿晚饭有时候吃到十点，大家聊得开心还倒了酒，那就可能要吃到十一点。对我而言，酒是晚饭的延续，所以我永远不知道什么时候该走，我得等别人走了我才能走，这是我的心态。

那天吃饭的时候，到了晚上十点多，有一个朋友打了一个哈欠，就和主人说：“你看，现在时间很晚了，已经快到我睡觉的时候了。我哈欠都快打到天上了，那我要先告辞了。”主人当然说“好的”。我就跟着那位朋友一起走了。

我特别佩服他，因为前一秒钟大家聊得很兴奋，但他讲这句话非常自在，没有攻击任何人。

我太羡慕了，这种人太自在了，我没办法像他那样讲话。他的那个哈欠不是因为大家的话题不好，也不是主人不周到，只是他很累了。虽然我也很累了，但是我说不出这样的话。因为我怕别人失望，怕扫了别人的兴。

肖　骁 → 这种话我也经常说，但我会讲得稍微娱乐化一点，比如说“相聚时光总是短暂，又到了说再见的时候，我们今天就差不多了吧”，类似这样的话。

4. 好的社交环境能让我从中听到有价值的东西

肖　骁 → 你是不是会觉得社牛在外社交的时候，更在意自己的感受？而社恐可能更在意他人的诉求和别人的评价？

黄执中 → 我不是说“社牛”是自私的。我的意思是说，你在意自己的感受。你在聚会中，不但不是被评价的对象，你还不断在评价别人，你很轻松。

我在聚会的时候，总是觉得好像有无数双眼睛正在评判我。其实你们应该也会在意别人的评价，只是在社交场合，你们真的没有这种压力。身为一个所谓的社恐，我特别好奇的一点就是你们没有压力吗？

肖　骁 → 我没什么压力，如果我在社交场合像你那样表现的话，大家不会觉得我是一个稳重有内涵的人，人家会觉得我是一个特别装的人。

所以我想问你，你这么在意别人的感受，是不是身份的原因？或者你担心辜负别人对你的崇拜？或者会不会你当聪明人当太久了，大家都在夸你聪明，所以有的时候你很怕自己讲的东西会让别人失望？

黄执中 → 也不是。因为我不是今天才有这个感觉。我小时候也不是名人，也不是聪明人，可是小时候跟叔叔伯伯，或者是朋友相处的时候，也会有这种压力，总觉得别人在评判我。只是当年可能评判的标准是“你是不是个好小孩”“你是不是乖孩子”“你这个小孩子有没有家教”……我觉得别人一直在评价我，或许别人可能根本没做出过这样的评价。可是在习惯上就会觉得别人在评价我。

有一种说法很有趣，就是“自己一直在被人评价”这种感觉其实是我自己想法的投射。意思是由于我黄执中会评价别人，所以我这样想就是以己之心，度人之腹。

而你恰恰相反，虽然人家说肖骁嘴巴很毒，但其实你这个人很少真的去评判别人。所以你很少在公众场合感觉到自己被评判。这种说法我觉得还挺有道理的，因为我的确很喜欢观察别人，所以我默认了别人也喜欢观察人。

肖　骁 → 我不太在乎别人对我的评价，虽然不可能完全不在乎，但是太在乎外部评价会让我觉得在乎不过来。因为我的个性实在太难让每个人都喜欢我了。如果要让每一个人都喜欢我，那我基本上可以不用社交了，我会丧失对社交最初的诉求。就像你说的，我是在社交过程当中获取能量的。

我想问一下，在你心目当中什么是有质量的社交？什么时候你会侃侃而谈不“社恐”，你的标准是什么？

黄执中 → 其实我去社交场合的时候，倒没有预设我一定要做说话最多的那个人，也没有要求自己一定要讲什么有道理的话。对我而言，高质量的社交是我能够从中听到很有价值的东西。

比如参加一个聚会，如果我在其中说得最多，那其实我吃了大亏，因为我说的东西都是我已经知道的，在这次聚会后大家都知道了，而我自己没有多知道新的东西，这其实是不划算的。

对我而言，最自在的社交环境多半是我能够听到别人讲有意思的、有价值的东西，大家都很认真地听，然后进行分享，我最喜欢这种社交场合。

可能也是因为年纪大了，认识新的人对我而言已经没有什么太大的兴奋感了。我不期待认识什么特别了不起的人，我更想要听到一些特别了不起的话。

肖　骁 → 我觉得执中你对我有一个误解，其实我不是你想象中那么“社牛”的人。有这件事情我跟你是可以达成共识的，比如将社交分三十分、八十分、九十分的社交，每次跟你聊天我觉得是八十、九十分的社交，跟你聊天不需要酒精，我是可以跟你好好聊的。我很爱跟那种不着四六的酒肉朋友在一起玩，但跟他们在一起没有酒精我没有办法社交，那一刻酒精对我来说就是你在社交场合喝的那杯水，只不过你喝的是水，我喝的是酒。

如果从这个角度分析，我比你还社恐，我有的时候需要借助酒精让自己的情绪放大，才能够跟他们交流，所以我没有觉得我是一个很“社牛”的人。我必须享受大家在一起的感觉，但是我并不会觉得我们达成了某一种共识，我们可能是一群各自有心事，只是用一种同样的媒介把它抒发出去的人。

黄执中 → 其实你和我在一定的程度上取得了社交自由。小时候我会被迫跟一群不认识的小孩聚在一起，爸妈说，这是亲戚家或者同事家的小孩，你今天就跟他们玩。这对我而言是很恐怖的。长大以后，因为工作的关系，有些时候得跟一群不认识的人聚在一起吃饭。

到了现在这个年纪，如果我不想吃饭，我真的可以拒绝所有的邀请。我不再担心我会失礼，也没有人有能力逼我说你今天一定要跟别人吃顿饭，我是自由的，所以我其实已经开心很多了。

我相信很多比较年轻的朋友们，他们跟我年轻的时候一样，也希望有一个好的社交环境，可是他们一定有很多的应酬，被要求团建、和客户吃饭，不社交也得社交。有时候他们跟你还不一样，你还能借助酒精社交，他们得跟人家聊，还得跟人家混熟，那就太恐怖了。

5. 社交压力会自然消失的

肖　骁 → 我们刚才讲到一个词叫“社交自由”，其实“自由”这个词很多人都在说。比如有人要财务自由，有人在追求审美自由，都在强调自由这件事情。你会不会觉得越追求自由越不自由？

追求财富自由的人这辈子都会觉得自己很穷，没有赚够钱的那一天；追求审美自由的人这辈子都会活在别人的目光里。所以是否追求所谓的社交自由可能在一定程度上限制了我们在社交场合的发挥？

黄执中 → 我同意，我们在讲自由的时候有两种概念，一个是在这个领域我爱干啥干啥的自由，第二个就是我不在意这件事情的自由。追求财务自由的人多半不是追求不在乎钱的自由，他追求的是想买啥就买啥的自由，这种自由的标准是个无底洞。

肖　骁 → 很多年轻人现在面临社交的一个痛点，就是他们可能不具备社交自由的属性，他们无法规避社交，面对上司、老板、对象或者异地的父母等等，不知道怎么交流和沟通。如果他们要处理一些社交场上的恐惧，除了老生常谈地说“不要太在意、只要做好自己就好了”等等，你有没有一些比较具体的方法？

黄执中 → 相较于财务自由，绝大多数人可能一辈子都没有办法实现审美自由，审美自由能否实现取决于每个人的生活条件和外形天赋，就算如此都不一定能达到。

可是社交自由是你一定能达到的。如果你现在是个上班族，那你不用那么早去追求社交自由，因为社交现在是你的工作之一。你年纪轻轻刚进公司，没办法，就是得应付这些，我以前也是这样。

可是人只要年纪大，他的社交终究是自由的。到了四十岁、五十岁或六十岁，你一定能实现社交自由，如果你都六十岁了，还有人逼你去相亲吗？还有人能逼你去跟谁吃饭吗？没有。

我很喜欢的一位作家叫王鼎钧，他说：“人的一生当中，前半生受制于父母，中间这半生贡献给了家人，只有后半生完全属于自己。”你老了不一定发财，你老了不一定得闲，可是一个人年纪大一点之后，你真的会发现没有人再逼你交新朋友了。社会上的新事物永远是针对年轻人兴起的，没有人盯着一个老人问他有没有交新朋友。虽然这个听起来让人很欣慰，可是也很伤感，年纪大了就没有人在意了。

肖　骁 → 可是对现在的很多年轻人来说，没有办法拒绝社交。

黄执中 → 没有办法，我的答案就是忍。一方面你才二十几岁，没办法就得忍；另一方面，一边忍一边给自己一个乐观的期待，不需要忍一辈子。对财富的渴望可能会让你煎熬一辈子，你想要追求财富自由，你想要追求作息自由，想要追求情绪自由，这一辈子也不知道该怎么实现。

可是社交自由，你迟早会有。而且你以后会超自由，我们从小都有被逼社交的经验，以至于把胃口搞坏了。很多人讲现在的小孩子长大不喜欢看书，这是因为在求学过程当中要应付各种压力，所以被逼念书，很多人念书的胃口就是在那个时候搞坏的。好不容易考完毕业了，“我再也不想念书了”。这很可惜，因为整个阅读的兴趣都被破坏。

社交在一定程度上跟阅读很像，你小时候就被逼着跟这些好孩子好好玩，被逼着跟这群人好好交朋友。胃口真的被搞坏了，交朋友应该是个有乐趣的事，认识新的人，找到共同的话题，打开一个新的世界。可是我们已经被逼着交了好多的朋友，不差这一个了。

6. 将社交愉悦感和能量留给你想要社交的人

肖　骁 → 我们不能否认，社交能力是当代职场中非常重要的一种能力。有人认为，社交能力如何在某种程度上决定着你的上升空间。

这可能也是很多轻微社恐的朋友的一个痛点，难道就因为我自己不会社交，工作能力就不容易被看见吗？可能有些人在焦虑这件事情。

遇到这种情况要怎么跟自己和解呢？只能继续忍，继续熬吗？

黄执中 → 我有两个说法：第一个，在工作上我觉得协同能力很重要。社交能力跟协同能力，是两个很相似却不一样的东西。很多人会说“你这个人不会做人，不会社交，那你怎么跟大家一起工作？”其实这是错的。工作中要的那个是协同能力，协同能力包含了能够听清楚别人的需求、能够适时地做出反馈，所有自己操作的工作都要实时跟别人保持同步、信息保持流通，这个是协同能力。一个协同能力特别好的人，他的社交可以是非常差的，这不妨碍他的协同能力好。

第二个，如果你的工作是销售，不得不提高大众认可的社交能力的话，那我只能给一个简单的建议。我知道这么做是累的，就是社交的时候要尽量地“无我”。你要应酬一群人，让这个场合变得很开心，进行很深入的聊天。那不是一个特别轻松也不是一个特别让你开心的事情，可是你有这样的需求。这个时候应该明确，你不是在享受社交，这是你的工作状态。既然是工作状态，就可以做到“无我”。“无我”就是你今天所有的力气就是要让这些人聊得开心，让他们觉得满意。所有的话题本着以这些人为中心的原则。

我们普通人在社交当中的压力来自什么？来自“我如何在人群当中表现自己”。认识了一堆新朋友，如何让他们觉得我是一个有趣的、幽默的人，如何让大家觉得我是念过书的、靠谱的。当你这样想的时候其实就是有“我”存在着的状态。

肖　骁 → 我觉得你这个视角转换得很好。我们不需要聊所谓的有效社交、无效社交，把应酬老板这件事情当成工作，把社交的愉悦感和能量留给你想要社交的人，留给你的亲人和朋友。

黄执中 → 所以应酬是个任务。在做任务的时候，“你自己”就消失了。肖骁刚刚提到一个场景我是见过的。我们在每一季录制《奇葩说》的时候都会去吃饭，都会遇到很多新朋友。有一季来了很多的新朋友，有的认识，有的不认识。你有一个特色就是，你发觉在场不认识的人多了的时候，就会进入一种工作模式，你今天要让大家都开心。

今天不是肖骁社交的场合，而是营救大家于这顿饭的场合。你穿针引线，进入这个模式，但那个时候“你”不存在了，“你”是指你的自我。所以其实那时的社交是一种任务，那是一个很独特的能力。

肖　骁 → 我其实觉得社交自由这种东西，真的跟自己当下的身份地位和状态是有关系的。

我想到一个细节。有一次《奇葩说》录完之后大家一起去吃饭。那次也是有很多新人，有位新选手叫刘楠。她过来跟我喝了一杯酒，她说：“你看那儿还有好多新人，她们也想跟你们聊天，她们不好意思，但我没事，还好我有钱。”

我当时觉得她好可爱。在我面前她整个人非常立体和鲜活。我觉得对方的身份地位和人物状态也是很多年轻人害怕社交的原因，他们会觉得自己和别人说话没有底气，自己的声音不容易被听见。

黄执中 → 是的。我在聚会中，常常会观察到一种我认为很可怜的现象。比如公司新人和老资格的人一起吃饭，其中某一个新人在聚会当中说，“我最近遇到一件有趣的事……”结果他才讲了几句，旁边老资格的同事突然劝一个酒，或者是有人要上个菜就打断了故事，这时别人的吸引力就跑到另一边了。

闹了一轮之后再回来，新人他不知道该不该把刚才的故事讲完。因为已经没有人在意了，那时候我觉得他们特可怜，所以后来我发现在这种聚会中有特别温柔而且观察细腻的人，他们会做一件很暖心的事情，他们说："你刚才的故事讲到一半，你继续说下去。"这个是特别了不起的救场。

在聚会当中，如果我冷眼旁观的时候，我会观察到谁的话讲到一半被打断，以及他是不是愿意继续讲，如果他的话被晾在半空中卡住了，旁边有没有人救他一下，如果没有的话，也许我可以救他一下。

7. 不要一直问自己是怎样的人，要问自己想做什么样的事

肖　骁 → 有一些人的"社恐"可能是受原生家庭影响，或者曾经在职场遭遇了一些事情导致的，等等。外界的因素让他拒绝跟别人沟通和交流，你觉得会有这样的情况吗？很在意外部评价的人会不会比较容易"社恐"？

黄执中 → 我相信会有，但我不希望大家觉得这是来自原生家庭的影响。现在好喜欢讲"原生家庭"。我承认有影响，可是我不喜欢特别强调原生家庭的原因是，人生的每一刻其实都在持续地影响我们，不是只有原生家庭。

人受到的影响来自方方面面。人生起步阶段，当然会受到原生家庭的影响。可是这个影响不足以定义一个人，也不足以决定一个人的人生。之后也会受到老师的影响，受到朋友的影响，受到伴侣的影响。所以不需要把原生家庭的影响当成不可抹去和更改的，不然的话人生好可怕。

肖　骁 → 我觉得执中这番话听上去像是高情商发言，仔细想真的很有道理。录《奇葩说》跟你们接触时，你们对我的影响、从你们那里学到的一些思维逻辑方式帮我的人生找到很多解法。

黄执中 → 真的是这样，我跟夫人好多生活习惯跟我爸妈完全不一样，我受到她的影响了。很多看事情的角度跟思维方式的转变也是因为我后来接触到了很多其他领域的朋友或老师，我受他们的影响比受我爸妈的影响多得多。

所以即使是“社恐”，对社交有期待，或者有厌恶，都没关系，你要相信这不是定性的。所以我们去追溯“社恐”是不是原生家庭的影响不是很重要。

生活不是推理剧，不一定要找到凶手是谁。你在生活中遇到一个挫折，一天到晚找凶手是谁是没有意义的。就算把凶手绳之以法，你的挫折会消失吗？

假如我这个人特别没自信，我一定要找到凶手是谁，可是找到凶手又怎么样？我会因此变得有自信吗？不会。不要用那么大的力气追究什么造成我现在这样，那改变不了事实，应该多想想我现在这个样可以做什么样的调整。我很喜欢的一句话是“不要一直问自己是怎样的人，要问自己想做什么样的事”。“我是个内向、外向、社恐或者社牛的人……”这都在描述你是个什么样的人。可是“我是什么样的人”不重要，重点是“我想做什么样的事”。

肖　骁 → 对你来说，目的地很重要，从哪儿来的不重要。

8.

“社恐”需要做到忘我，“社牛”的目的是勿忘我

肖　骁 → 你觉得社恐的根源应该是在哪里？

黄执中 → 因为我自己有点社恐，所以我会觉得，根源是因为我们这种人比较在意自己。这个“在意自己”不是负面意思，是我会比较在意我在别人眼中的样子。说这是一种自恋也没错，因为人多多少少有点自恋的。我其实很羡慕那些在社交场合没心没肺的人，他们在那一刻真的能够丢掉他自己，享受身处人群或是跟人群融在一起。

我以前听过一个说法，“你要怎么融入人群”。我后来听到一句更好的话——“其实问题往往不是你要怎么融入人群，是怎么让人群融入你”。你要怎么融入人群，意思是人群中有一股力量把你推出来，可是现实中并没有那股力量。并没有说别人要一脚把你踢出人群。所以当我们觉得在社交场合格格不入的时候，多半不是人群拒绝你融入，是你拒绝让他们融入你。

我以前以为参与这个世界很辛苦，后来年纪越大越发现，最辛苦的一件事是怎么让这个世界参与你。因为在那一刻，你必须是一个无我的状态。“无我”在真正的意涵上不容易做到，当然我们讲的不是那么高深的意涵，我只是说在那一刻忘了自己。“无我”好像很难，“忘我”总可以做到，比如，你打电动忘我了，你看一部电视的时候也忘我。那一刻，你只看得到荧幕里的一切，忘了自己。

肖　骁 → 执中说的社恐需要做到“忘我”，我觉得社牛的目的是“勿忘我”。我没有觉得“社恐”是一种缺陷，或者是有什么问题，“社恐”的人相对于普通人来说，是更敏感的人，他们是更在意别人感受的人，所以不要因为自己是“社恐”就觉得自己有某方面的缺陷，这个词其实是一种赞美。而且“社恐”也不代表你关闭了所有社交的窗口，而是你懂得如何找到一个让自己舒服的空间。

我们再浅聊一下孤独感这件事情，你认为哪一种人在独处的时候是最舒服的？

黄执中 → 我从小有很多自己待着的经验。刚放学爸妈还没回来的那段时间，那个独处是真正意义上的独处。

因为没事做，所以很无聊。印象中小时候虽然有电视，可是电视节目没得挑，三个台播的都是看不懂的大人的节目，所以我连电视都没得看。然后我会无聊到去翻柜子里那些说明书、小册子。因为我没事做，什么抓到手就看什么，我小时候爱看书的习惯，就是因为无聊培养出来的。那时候你是真的感觉到你只有自己，也没小伙伴。

可是长大以后的独处越来越难。因为我并没有在真正意义上独处，我还可以跟人微信联络，玩手机、刷视频，通过手机可以做很多事情。我的确是一个人，可我没有独处。相反，那个时候，我脑中会灌进大量的短视频和文章，我借助各种各样的资讯糖果让自己熬过去。

我其实蛮怀念小时候没有网络，以至于没有办法用这些东西麻痹自己的时段。那时候我必须保持纯然的清醒，又知道自己没事做，那种感觉真的很独特。住在隔离酒店的时候，躺在床上刷着手机，一刷就是三四个小时。可那一刻其实你是一种无意识的行为，并不清醒。所以那样子的独处当然不是一件好事。

我在想，如果连网络都没有，我就会重新经历一次小时候那种无聊到极点，然后放空的状态。人在独处的时候会胡思乱想也是这样，你只能在脑中幻想各式各样的故事，在脑中上演。因为你没有电玩、没有手机、没有别的东西，你只能跟自己相处，就算是幻想也只能跟自己的幻想相处。这个过程会逼着自己创造内容。

长大以后，有很多人帮你创造内容，就算独处，也是在和别人的幻想相处，手机里的短视频、那些有趣的东西都是别人想出来的。所以真正意义上的独处，我觉得现代已经很少见了。

肖　骁 → 因为现在通信发达、资讯发达、网络发达、科技发达，发明短视频或者聊天软件的人可能都会有一点轻微社恐，因为他们太了解人在孤独时候的情感诉求，或是心理诉求。

黄执中 → 我之前读过一本书很有趣，叫作《无聊的价值》，书里说“人类这么多年来所有努力的目的就是消除无聊”。消除各式各样的无聊，甚至你洗澡的时候无聊，也有东西陪伴你了。坐在马桶上的无聊，工作中的无聊，各式各样的无聊，碎片时间中的无聊，他都想办法帮你消灭掉。所以无聊渐渐要成为一种稀有而罕见的东西。

9. 总结

“社恐”这个词，不是在恐惧社交。大家恐惧的可能是无效社交，而不是对社交的无力感。

“社恐”的朋友不用妄自菲薄，这不是某种能力的缺失。大家在乎的是更高效的沟通。对社交这件事情，还是可以心存期待的。心存期待的一个重点就是你不知道会遇到一个什么样的人。你会遇到很多人，不要因为对自己的不自信，或者是觉得这个人好无聊，就放弃融入他们的机会，融入进去会发现很多人很有意思。我没有认识黄执中的时候，无法想象我可以跟他聊天。我让自己融入进去了，就会觉得这人真的好有趣。

BEGINNING

PART

2

来看看，这才是我们常用的“冷暴力”

嘉宾

小雨 + Cherry

↙ **嘉宾：小雨**

年龄 → 35 岁

职业 → 经纪人

婚姻状况 → 未婚未育

对冷暴力的态度 → 冷暴力不是暴力

嘉宾：Cherry

年龄 → 31 岁

职业 → 投资人

婚姻状况 → 已婚已育

对冷暴力的态度 → 冷暴力是暴力

第一次被冷暴力 → 15 岁

0. 序言

冷暴力的现象由来已久。比如，在校园里被孤立，家庭里的情感缺失，职场里的提案建议总被当空气，在感情生活当中遭受漠视……渐渐的有共同情绪的人多了，这些问题也被总结成了一种大众通识的定义，就是“冷暴力”。我们着力讨论“冷暴力”的精神虐待，这是法国的作家玛丽－弗朗斯·伊里戈扬在《冷暴力》一书中提到的概念。能够运用冷暴力的关系和场景实在太多了，我也找了我的两个好朋友一起探讨冷暴力的话题。她们有可能是受害者，当然一定程度上可能也扮演了施暴者。

1.

不要让冷暴力干涉你的人生主线

肖　骁 → 一般说起冷暴力，总觉得是男性对女性的单向输出，但其实很多女生和男朋友在发生情感问题的时候，女生比较喜欢激情处理，男生通常会显得比较冷淡或者冷漠。其实冷暴力是双向输出的，跟性别没有太大的关系。我觉得冷暴力的方式有很多，它不像传统意义的“家暴”，是大家看得到摸得着的一些具体的行为。冷暴力可怕的地方就在于它无孔不入地渗透进我们的生活，不知不觉中蚕食着两人的爱情。我想先问一下我的两个朋友，当时具体发生了什么事情，因为很多时候双方对冷暴力的定义可能是不同的，你觉得他在冷暴力，他觉得他是在冷处理。你觉得他很不成熟，他觉得自己非常的冷静，非常的有担当，或者是不想引起冲突。在冷暴力过程中，受害者和施暴者的感受是完全不同的。我想先问一下 Cherry，发生了什么事会让你觉得自己在被冷暴力，而不是处在冷静期？

Cherry → 我觉得“冷暴力”和“冷静期”在当下很难区分，有可能施暴者觉得他在冷处理，但是被害者会认为自己被冷暴力了。现在回想起来，很多时候可能对方的确是在冷处理，因为找不到更好的结束方式。

肖　骁 → 你刚才说对方找不到“结束”的方式，而不是“解决”的方式。你们会不会认为有人运用冷暴力希望或者是逼迫对方说分手？两个人已经到了一个分开的节点，但是不知道要怎么开口。其中一方就运用这种方式分开。

Cherry → 是的。有的时候甚至懒得说了，两个人可能就这么就散了。我被冷暴力和冷暴力他人时，都是这种情况。

肖　骁 → 如果你们之前被冷暴力在自己身上留下了印记，之后会小心地建立防御机制，在下一段感情中，不知不觉成为施暴者吗？

Cherry → 我就是这样的情况，可能因为我小时候遭受到了冷暴力，在之后很长时间里，无论经历深刻的感情还是短暂约会的时候，都会建立起防御机制，我不想让自己受到伤害，也不想进行激烈的争吵，所以选择用冷暴力处理问题。

肖　骁 → Cherry 刚才提到小时候。你认为冷暴力和原生家庭、学校教育有一定关系吗？比如，你从小看到父母双方冷战，在这方面你有一些情感缺失，或者你在学校被孤立，等等。

Cherry → 我觉得肯定是有关系的，但是我可能比较幸运，我的原生家庭给了我足够的安全感。我遭受的冷暴力更多来源于个人感情。

小雨，你为什么会觉得冷暴力不是一种暴力？

小　雨 → 因为我经历的都是真实的暴力。我们家存在家暴问题。我继父对我妈实施过暴力行为，我妈妈自行解决了这个问题。但我因此形成了一种防御机制。很奇怪我会很困，我没有办法面对这样的问题。以至于我每次跟我男朋友吵架，大战一触即发的时候，我会很困以至于没有办法继续解决问题，感觉睡一觉就能解决问题，其实我明白这是一种很消极，很被动的解决问题的方式。但是我没有办法控制。

肖　骁 → 我觉得你这是冷处理，这不叫冷暴力，因为已经吵到那个程度了，总有一个人要先安静。

小　雨 → 是的，“冷暴力”往往是从“冷处理”开始的，冷处理形成习惯以后，再经过长期演变，它就成为一种冷暴力的表现。

肖　骁 → 对比冷暴力的“受害者”和“施暴者”，“受害者”一般是爱得更多的那一方。

我不太希望和大家探讨冷暴力的概念，我们今天尽可能地探讨解法，而不要纠结于过往非常不好的经验，我还是想问一下 Cherry 有没有关于冷暴力比较具体的故事，当时发生了什么样的事情，冷暴力的过程是怎么样的？

Cherry → 好，我有两个故事分享给大家。第一个故事，我第一次在感情中被冷暴力，自己是受害者的角色。第二个故事也是一段很刻骨铭心的感情，但是我变成了施暴者的角色。第一个故事发生时，我还很年轻，和一个年纪比我大八岁的男生产生了感情。我们也不算正儿八经谈恋爱，只是经常一起出去拍拍照，或者聊聊天，谈谈艺术，看看展览。我们从来没有明确过恋爱关系。这种关系差不多持续了半年，当时他要离开我们共同居住城市去读研究生。从此之后，他就对我越来越冷淡，不太主动给我发消息，就算我主动发消息给他，他也不太回。我很蒙，不知道发生了什么。久而久之，我们的关系越来越淡。联系的频率由从早到晚的聊天到一天只发一次消息，有时候我找他，他也不理我，当时我手足无措，不知道该怎么办。后来，我发现我被踢出了他的生活。当时我也在考学，所以我奋发图强，一定要考上他就读的学校，我铆足了力气，学习越来越努力，成绩越来越好，但是最后还是没有考进他的学校。

但我也考上了一所很不错的学校，只是没考进他所在的学校，回回头来看，对于我来说是一个很完美的结局，当时我在那种冷暴力的阶段找到了一种力量，化悲痛为力量。

我觉得，这段感情给我带来了心理阴影，它在某种程度上定义了我对感情的看法，很长时间我都不知道该如何面对感情。因为我和他没有正式确立恋爱关系，结束得也不明不白。我第一次很喜欢一个人的时候就发生这种情况，导致我的感情观在很长一段时间里是挺扭曲的，这段经历给我造成了非常负面且深刻的影响。但是我很感激自己，因为那时候正好是我考学的关键时期，我找到了一条出路，也找到了化解问题的方式。

肖　骁 → 我觉得你的这个心态很少有人能做到，因为很多人会选择一条看上去更容易走的路，那就是消极应对。

Cherry → 是的。化悲痛为力量首先得让自己忙碌起来，这也跟我个人性格有关系，我不允许任何人让我的生活主线跑偏，当时对于我来说，去一个好的学校很重要。

肖　骁 → 我想问一下 Cherry，你刚才提到这段经历给你之后的恋爱带来了影响，那之后又发生了什么样的故事，让你会觉得自己变成了一个冷暴力的施暴者？

Cherry → 在之后的感情中我会下意识地很没有安全感，必须要不断确定别人对我的感情，必须每天都得听到甜言蜜语，必须每天确定恋爱对象还在。我来讲一下我成为施暴者的案例吧。

第二个故事发生在很多年以后，也是在我刻骨铭心的一段感情。我和交往对象在一起两年多，同样经历了异地恋。重点是他管我管得很严，他会随便看我的手机，经常翻我的私人的物品。

肖　骁 → 你可以看他的手机吗？

Cherry → 我可以，但我懒得去看。我不是很喜欢翻人手机。反正他就是一个极度没有安全感的人。后来我就有点烦他，但是我不太知道该怎么解决这个问题，我也不想正面跟他发生冲突，趁着异地恋的机会，我回复消息很慢，不太想见面。比如说，虽然我们每周都可以见，但是我会百般推脱或者会显得不情愿。后来他越逼越紧，甚至我出去跟朋友吃饭都要 360°拍一下发个视频，或者我得随时给他发定位，所以我就有点受不了。可能因为我经历过冷暴力，并且对我产生了影响，我当时不知道如何解决这个问题。我记得爆发的那一天我实在是太烦他了，但是也不想跟他吵架。我从中午开始就把手机关机，关了十二个小时，到半夜回家才开机。

当我回家开门的时候，我的室友脸色发白站在门口盯着我说："一会儿警察就要到咱们家来了，你爸妈马上就要从中国飞到纽约了。"我完全不知道发生了什么。因为我只是一个人散了散步，看了看展览，想自己放空一下。在这期间，他登录了我所有的社交媒体账号，跟我爸妈讲话，跟我朋友讲话，甚至还装成了我去套我朋友的话。在这十二个小时中，我完全没有办法想象发生了什么。我爸妈在哭，觉得我被绑架了。

我在关机之前我把我微信密码改了，因为我知道他一定会登录我的微信，我的微信已经被登录到被锁的状态。后来闹得非常厉害，因为可能我冷暴力太严重了，他从他所在的城市立刻赶到了纽约到处找我。

肖　骁 → 我觉得你这个不是冷暴力，你是不是有点过于善良了？因为在这段感情前期，他要求你秒回信息，让你在跟朋友相聚会的时候拍视频，这种在我看来很荒谬的事情你都愿意做。你当时只是想用十二个小时去放空，我觉得这个不算冷暴力。

因为女生在之前当过受害者，所以她对这件事情特别的敏感。她会觉得在一段时间之内不回信息，就已经对对方施暴了。但是我觉得这件事是那个男生有问题。Cherry 你的这两段感情我觉得都很极端，要么贼冷，要么贼热。

小雨你觉得 Cherry 这个算冷暴力吗？我觉得不算。

小　雨 → 我觉得这只是 Cherry 没有想好如何结束这段感情的犹豫期。她在准备离开这段感情的时候应该也不是冷暴力，而是一种冷静的处理。

Cherry → 但是当时我回复消息回得很慢，比如，就回复一个“嗯”，或者“哈哈”，或者回复消息的时间间隔越来越长，现在回想起来自己当时的行为有些……

肖　骁 → 不能说你的行为符合冷暴力其中的某个特点你就是在施暴。因为我们都不是圣人，我们都是普通人，我们在忙的时候或者心情烦的时候很可能不自觉地，就会回复一个“嗯”或“哈哈”。我觉得不能给大家设置这么高的道德标准，我们都是有瑕疵的。你的第二个故事让我得到的一个经验和教训：不要把自己所有的社交账号都交给对方！这太可怕了。对我来说，有我的微信的密码都是很难接受的一件事情。

通过 Cherry 的表述，我们知道她是一个非常优秀的女孩子。有很多人会想，她不能成为普通女孩的范本。因为普通女孩可能内心无法做到她那么强大，很难做到在被冷暴力的时候化悲痛为动力，但是她优秀这件事情是客观事实，大家要思考她的优秀绝对不仅仅体现在她读了什么样的书，做了什么样的工作。而是她在处理冷暴力的过程中，她的心智是值得每个人去参考的。首先，自己一定要找一个出口，然后不要让被冷暴力的经历干涉你人生的主线。我觉得这是 Cherry 给我们的非常珍贵的经验。接下来，小雨给大家分享一下自己经历的故事。

2. 冷暴力是在双向折磨

小 雨 → 抱歉我是一个施暴者。我的讲述是自我剖析。一段感情发展了很多年之后，会渐渐变淡，大家都有了标准的相处模式，大概知道了对方的习惯，我开始有意识地钻冷漠的空子，这就是冷暴力。

肖　骁 → 你就会找机会在回复消息时只回复"嗯""啊"。

小　雨 → 对，我们经历了异国恋，两个国家有六七个小时的时差，我知道他醒了以后要问我什么问题，我知道他大概会问我"今天吃了什么呀？""今天上课怎么样啊？""今天要干吗了？"等等话题。所以我准备好了一系列话题的抓手，比如，我会把今天吃的饭发给他，我框定了他可以问我的事情。这全部都是假性沟通，我不想让他问我除了框定话题之外的问题。

肖　骁 → 我能不能这么理解，很多人在做施暴者的时候，会把"我不想沟通"变成"我需要自己的空间"，人总会给自己找一个借口，我们怎么去判断到底是我在索取个人空间还是我在实施冷暴力？

小　雨 → 我自己的理解是，不是把对方当全世界，我后来想与他分享，想带他去看的世界越来越少了。

肖　骁 → 我给大家举一个例子，比如说"情人节打算怎么过呀？"如果需要空间的人的回答是："我在忙，但是亲爱的情人节快乐，你等等我。"但如果是施暴的人会回答"我在忙。"我想问两位女生一个问题，你们会不会觉得冷暴力是双向折磨？你们在折磨对方同时也在折磨自己，也是在对自己进行精神虐待，你们会有这种感觉吗？

小　雨 → 我只能说有良心的人他会自我折磨的，稍微有一点点麻木的人就根本感受不到了。

肖　骁 → Cherry 你觉得呢？比如说你第二段恋爱，你觉得你在对那个人进行冷暴力但是同时你会不会觉得有心理负担？你在这段感情当中，自己也得不到快乐。

Cherry → 肯定会。我觉得对于我来说可能更多的是一种迷茫吧。我不知道怎么处理这段关系，我也没有办法想好立马就分手，因为我们感情很深，在一起很久。对于我来说那样做可能是一种逃避。

3. 平等交流的方式会让双方都更有空间感

肖　骁 → 好，说到这里又引申出了一个话题。逃避可能是一种鸵鸟心态，可能是一种自我保护的机制。但是，当我不知道怎么处理感情，或者当我面对感情想放手的时候，我们要怎么办？

我们需要在第一时间就告诉对方自己的感受还是像鸵鸟一样把头埋进沙子里？

小　雨 → 看态度，和职场一样的，如果你还想做这份工作或持续这段关系，肯定要直面嘛。要去剖析问题，解决问题。一旦出现鸵鸟心态，你大概率是想要离开了。你觉得真的努力过了，然后可能没有结果的时候，大概率就及时分手了。

肖　骁 → 我不是第一次听这种故事。但是面对这种占有欲极强的另外一半，那样做与其说是对他的冷暴力，不如说是女孩的自我保护机制。如果你在已经想放手的时候，再非常热火朝天地回应他，会让他觉得你对他余情未了，小雨，你当时分手的那个瞬间是什么？

小　雨 → 我觉得跟 Cherry 很像。可能像我们这种比较冷静的女孩，往往遇到的真的都是烈火情人。他太“热”了，所以你只能用比较冷然后趋于暴力的这种行为对待他们。

肖　骁 → “烈火情人”这个词很有意思。你们会不会觉得两性关系就是此消彼长的？有一方冷，另外一方就一定会更加热？大家自我反思一下，我们总是非常迫切地想要从对方身上得到爱、得到关注，会不会从另外一个角度助长了对方对我们施暴的行为？

Cherry → 我觉得会。人都是有占有欲或者有挑战欲的。如果对方没有那么热情，那么你肯定会想往上扑，如果对方侵占了你的生活空间那么你就想往后退，这是人性。

小　雨 → 我不想给自己施暴找理由，但大部分情况就是对方越是想急于握住，你就越想抽离，会更加审慎和自保。

肖　骁 → 你越想握住什么，可能就越握不住什么。别人对我们冷暴力，会不会是因为我们太过热情？是不是用一种平等交流的方式会让双方都觉得更有空间？我不是要给每个朋友设立一个完美受害者形象。但是我在想，有的时候，你这种“你越前进导致别人越后退”的行为，会不会导致被对方施暴的同时，也导致了对自己的施暴？

4. 你要寻找自己人生的支点

肖　骁 → 我们要探讨的话题除了“冷暴力”，最重要的是如何解救正在被施暴的自己？你们觉得冷暴力这件事情是有办法解决的吗？还是两个人要互相折磨，你冷暴力我，我也冷暴力你，我们开始冷战？我现在没有想到一个非常好的解法。小雨一直觉得自己是个施暴者，那么对方要做什么会让你回心转意呢？

小　雨 → 只有一个方法，就是他要越来越成功。当你意识到这个人是你不能失去的，你才会重新把注意力放在他身上；只有他条件越来越好，加上他的自我越来越觉醒的时候，我才会回心转意。

肖　骁 → 当你发现别人在对你冷暴力的时候，这个时候你的重点要转移，要放到自己的身上，让他看到你发光的地方，而不是用语言提醒他。有的时候语言真的毫无力量，就是要用事实说话、用能力说话。你完全是可以独立的，不要依附于他，离开他你会过得更好。虽然这个观点特别奇葩，但是我觉得这是一个非常好的解法。你要寻找自己人生的支点。

Cherry → 我想再补一句鸡汤，人都是有慕强的心理的，不管你是女生还是男生，当你越来越好看，财富越来越多，能力越来越强，拥有越来越多的社会资源的时候，那些曾经伤害你的人、你伤害过的人，陌生人，你的朋友，都会来接近你的。

5. 主动道歉的人更酷

肖　骁 → 有一种“曾经的你对我爱搭不理”到“我让你高攀不起”的感觉。大家都可以拿大女主、大男主的剧本。我还想再和两位探讨一个问题，有的时候我们想分手但是说不出口。你们会觉得冷暴力算解决这种困扰的有效手段吗？尽管我们觉得这样做伤害到了对方。

小　雨 → 它绝对是有效的方法，因为它大概率是让时间去解决问题。

肖　骁 → 这也是一种说辞，把一切交给时间，成全彼此的不作为。

小　雨 → 有时候我们需要冷处理，让时间解决问题，第二天醒来你也许会发现，我是很在意他的，我不会再因为敏感或者过于纠缠，给对方压力。施暴者或者受害者同时意识到了感情是很重要的，我们各自去解决各自的问题，有可能时间长了，我发现这段感情是可以没有的。时间冲淡了一切，所以我认为时间可以解决这个问题。

肖　骁 → 但是我觉得这里有一点需要注意。比如说，我们的感情遇到瓶颈了，想把一切交给时间，那么这件事情双方一开始就要达成共识，我们需要一个冷静期。而不是某一方单方面做决定，我觉得这个是“冷暴力”和“冷静期”的区别。

小　雨 → 是，这两者只有一个区别，就是是否提前沟通。双方要约定好，是否需要用时间来说话。

肖　骁 → 对。我觉得婚姻和恋爱其实也是有一些区别的，Cherry 现在已婚已育，你会不会在婚姻生活中有所谓的冷静期，还是一直热情如火？

Cherry → 我真的挺感激我的先生，他是一个非常好的沟通者。他是一个非常冷静温柔、可以带领我走出坏情绪的人。他总是能够让我很平静地和他沟通。比如，有时候我很着急，他就会说“你要不先自己喝点水？”他会给我倒一杯水，然后说“我们一会再聊”。十分钟以后，他一定会主动回来找我，他说“你现在好点了吗？”那时候我会觉得其实也没什么大不了的。

肖　骁 → 你怎么嫁得这么好啊，令人羡慕与嫉妒。

Cherry → 我也是在他身上，或者在我们的感情里找到了解法。我在他身上其实可以看到，无论再急，再想逃离，人都是可以好好沟通的。

肖　骁 → Cherry 的观点很对，我也觉得，当两个人吵架或者发生争执时，对面不管是恋人、朋友还是父母，我有一个二十四小时原则，在二十四小时之内，问题一定要解决，不然越亲近的关系越容易分道扬镳。问题要赶紧处理，不能隔夜，一旦隔夜很多东西就说不清楚了，因为本来吵架时大家就情绪激动，双方都想要对方道歉。这时会主动道歉，或者主动缓解矛盾的人，会更酷。

6.

做好十足的准备，才能有选择的资本和能力

肖　骁 → 我还想聊一个话题，因为婚姻跟恋爱不同，结婚除了受法律保护，还会有更多的羁绊，这种羁绊慢慢会成为两个家庭的羁绊。生活中没有什么原则性的问题，我们爱情已经变成亲情了，我们就“睁一只眼闭一只眼”地生活吧。Cherry 你会不会害怕有一天你的婚姻成为这样子？你会不会采取一些措施规避这种状态？

Cherry → 有想过这些问题。我当时之所以很快就决定结婚，是因为我可以接受离婚。谁都没有办法保证一生只爱一个人。每个人在婚姻中都应该保持独立，有自己的生活。我给我老公很多自己的空间，他也给了我很多空间。我们为什么能够比较好地在一起？因为我们共同成长又有独自的成长空间。

肖 骁 → 你有这样冷静和独立的思考的能力，因为你自己就是一个独立女性的典范，拥有自己的事业，人生被赋予了很多角色，每个角色都是独立存在的。从Cherry身上大家可以学到的一点是，我们一定要提前就做好十足的准备，才能有选择的资本和能力。比如我们的工作能不能裸辞，看的是你手上有没有裸辞的资本。没有人敢裸离的，因为你没有分开的资本，所以其实任何时候选择权在自己的手上。不要去聊感情，因为在离婚分手的那个瞬间，你们俩最谈不上的就是感情。这个时候谈的是利益，一定要让自己更有选择的底气。

7. 爱不是等量付出的

肖 骁 → 当两个人准备在一起的时候，如果你发现对方在欲擒故纵，在对你施加冷暴力，这个时候有没有什么好的解法？

Cherry → 这个时候关键是把自己的期待值和心理预期控制好，不要把所有的精力放在这个人身上。你也有工作，朋友，兴趣爱好，值得经历所有美好的事情。所以我觉得这和预期跟期待值有关。如果我遇到一个人拿捏我的情况，可能是双方都在磨合中，我觉得这个是可以的。如果一个人故意要拿捏我，或者故意要搞我心态，那我没必要跟他浪费时间相处下去。

小　雨 → 遇到这种情况，有的人很容易失望，可能和这个人很快就没关系了。

Cherry → 对，但有的女生容易陷入悲伤的情绪，会想“为什么他不喜欢我？”我觉得没有必要把输赢看得太重，天下那么多男人干吗要吊在一个人身上？这种事没有输赢。

肖　骁 → 是，我现在的心态就是有话好好说，我对你有什么想法，我就直接告诉你，我就是想谈恋爱，你不用再和我搞什么欲擒故纵，我觉得特别幼稚。当然我觉得有的时候可能我的问题就出在过于直白，没人会直接说“哎，谈恋爱不？”

刚才 Cherry 讲到的“期待值”很重要，我们陷入悲伤情绪其实就是因为期待值存在偏差。爱这个东西它不是等量付出，在恋爱关系当中要看你被赋予了多少能量，而不是得到了什么。通过调查数据，我们也总结了几个形成冷暴力的原因，一是对这段感情无所谓了，食之无味，弃之可惜；二是有的人极度自我，极度自恋，所有的问题从自己的角度出发，控制欲极强；三是逃避现实，喜欢拖延矛盾，把一切交给时间；四是原生家庭的影响，成长环境导致有的人形成了回避依恋型人格，恐惧、害怕沟通。你们觉得除了这四点以外，还有没有别的问题是形成冷暴力的原因？

小　雨 → 如果遇到了一个太烈火的情人，你难免也会往后退。

肖　骁 → 感情态度此消彼长。

Cherry → 一段关系应该是有个平衡的。

8. 不必和他成为朋友，但要让他有存在感

肖　骁 → 我想再延伸一下，我们聊的冷暴力一直围绕着“两性关系”。但是我们的校园中也是有冷暴力的，当然不是霸凌，可能被孤立也算是一种冷暴力。我想问一下，如果在学校被孤立，

这种情况我们要怎么处理？你们小的时候遇到过被孤立的同学吗？

Cherry → 我遇到过，这样的同学要么是学习非常不好，要么就是很胖，小时候因为一些很幼稚的原因被孤立。

肖 骁 → 小的时候我们班有个同学出水痘但坚持来上课，那个时候我还不懂“孤立”。

小 雨 → 你笑他了？

肖 骁 → 我没有笑他，所有人都不跟他玩，我觉得他好可怜，当时有那种单杠，他就一个人坐在单杠上，大家在下面上体育课，我想我一定要跟他玩，跟他玩得很好，于是我成为我们班第二个长水痘的。还有一次，现在回想起来我觉得我做了冷暴力的施暴者，我孤立了别人。当时我们发现寝室的室友偷东西。小的时候，我们能够想象到最大的罪名就是手脚不干净。

那段时间我们不自觉地会跟他保持距离，但是很多年之后，我在思考，这件事当时有没有更好的解法？我们确实都很讨厌偷东西的人，但是有没有可能给彼此创造一点空间，不要让这件事情变得这么难看。我们当时真的是孤立他，孤立到全班不跟他说话。我后来对这件事进行了反思，我想我当时到底是对偷东西这个行为深恶痛绝，还是因为从众心态？

我呼吁现在还在读书的朋友，你不必一定要跟某位同学做朋友，但可以与他有适当的交流，多少让他意识到自己在这个班上的存在感，当然没有强迫大家要跟每个人做朋友的意思。

9. 总结

我们得到一个结论，比如说在一对一的感情当中的冷暴力，这时一个人是施暴者。但是如果在校园中孤立别人，就是群体性的恶。大家不要单方面地觉得一个人才能做这样的事情，很多人也会引发这种我们看得到的群体性的恶。

我自己是语言工作者，语言有语言的能力，但有的时候真的无法光靠一张嘴说或者光靠努力沟通就能解决问题。像我的两个好朋友讲的，你要改变现状，要实实在在地做一些事情，当你在被冷暴力的时候，此时你会急于寻求沟通。但对方已经关上了交流的窗户，你所有说的话是在给自己施压。对方已经不想听你说什么了，你多给他发消息，多跟他打一声招呼，心里的压力就会重一分。因为你永远在渴望他能够给你回应，希望大家从自身出发，让他看到你的改变。

最后想告诉大家，冷暴力这件事情我们可能都经历过，甚至自己不知不觉也会变成施暴者。时间会抚平一些伤痕，但是时间对我们每个人来说都是非常珍贵和有限的。不要通过拖延战术漠视两人之间的问题。最后希望大家都能够找到一个好的解法，也希望所有的朋友在面对冷暴力的时候，能够非常清楚地知道，问题是双方制造的，但是解法永远是自己生成的。

BEGINNING

PART

3

当代女生
独居新思路

嘉宾
颜如晶

↙ **嘉宾：颜如晶**

年龄 → 34岁

工作 → 艺人

MIX AND HIS GOOD FRIEN

0. 序言

这次要和我最好的朋友颜如晶来一场畅快的聊天，了解如晶的朋友们都知道，她是典型的宅女，在独居生活这方面中有非常丰富的经验，所以这次想和如晶一起聊聊独居生活的话题，希望在心态和生活方式上引起独居朋友们的共鸣。

1. “写意”的独居生活

肖　骁 → 如晶，你觉得你可以坚持多久不出门？

颜如晶 → 嗯，我感觉能坚持一百天吧。

肖　骁 → 只要有吃有喝就行是吧？

颜如晶 → 对，我觉得还行啊。

肖　骁 → 听说沪圈的男生和女生，哪怕是在独居的时候，依然可以保持一种非常精致的生活状态。那你在不出门的时候是体面的、邋遢的，还是随性的？你能找到一个形容词形容你的独居生活吗？

颜如晶 → 我应该是很写意的。

肖　骁 → 因为你每天都在直播是不是？直播填满了自己的生活。

颜如晶 → 对，因为我在家一切照常，所以独居的时候没有什么焦虑感。

肖　骁 → 你平常在家里面还会做什么事情？怎么打发时间？

颜如晶 → 如果我认真做饭，是可以打发一点时间的。剩余的时间我可以打扫卫生，或者是刷手机，看很多信息，其实玩手机占了大部分时间。

肖　骁 → 我觉得独居的状态既适合又不太适合你。适合你是因为你本来就是一个很会独处的人，不太适合你是因为你可能不太会加小区群和居民群之类的社群。现在你加了这些群，有的时候参与一些互动，或者是大家彼此帮助。你能感受到社群中大家提供的帮助吗？或者是你有为小区的朋友们做出过什么贡献吗？

颜如晶 → 因为我现在做直播工作，前段时间收到了很多水果的快递，我一个人实在吃不完这些水果。我想绝对不可以把这么多水果浪费掉，于是我联络社区的人给大家送水果，谁需要水果就送谁。大家迅速地帮我把水果消耗掉了。我就是因为这个加入了社区群。

肖　骁 → 在社区群里大家的距离很快就拉近了。以物换物，良性互动，能让我们感受到人间自有温情在，大家在彼此陪伴。

颜如晶 → 对，而且也蛮开心的。互动的过程中我是会有成就感的，比如，我买错了冰激凌小金砖，当时我只想买一盒但是买成了一箱。然后，我就拿出来了三十几盒冰激凌，换了一些萝卜和土豆，我感觉整个小区的人都很开心。我也很开心，有一种做了一件大事的感觉。

肖　骁 → 这种生活可能会让人与人之间变得更亲密一点吧？因为平常大家的生活是没什么交集的。

颜如晶 → 嗯，因为原来我连自己这一层楼的邻居都不认识。但现在确实都认识了，而且大家也会聊上几句话，互相加了微信，现在我们真的有点关系吧。

肖　骁 → 你在北京生活的时候，可能在一个小区住了好几年，都不会有机会认识邻居。现在和一栋楼的邻居都成了朋友，有了彼此的微信，我觉得这个事情对你来说还挺难得的。

2. 独居时的社交需求

肖　骁 → 很多朋友在独居期间学会了一些技能，比如，自娱自乐的技能，或者是消解负面情绪的方式方法。你一个人在家直播的过程让你掌握了什么技能？有没有什么可以分享给我们的？

颜如晶 → 因为我做的不是纯粹聊天的直播，我在做带货直播。这个过程中的理货、排货，都会收获一些小技能。

肖　骁 → 平常身边有很多工作人员帮我们处理问题，现在有没有发现，一个人也做得来？

颜如晶 → 嗯，一个人当然做得来，但是多几个人做肯定就会更轻松一点。

肖　骁 → 你觉得现在一个人的工作状态是舒服的吗？这样的工作模式你是可以接受的吗？

颜如晶 → 我其实不太接受，还是希望有工作人员，有工作伴侣。我觉得有职场和同事，有公司的氛围会好一点。当然一个人工作可能自己说了算，你会有一定自由度，但是，也是很寂寞的。如果是一个人在做工作，你的工作思路和想法很容易有自我局限性，因为没有人可以跟你一起商量，也没有人和你分享，甚至没有人和你竞争。睡醒之后，一个人打扫房间，然后坐下来直播，每天的生活很平稳地行进，没有起伏。

肖　骁 → 对，我们的生活和工作还是要有一些团队合作的部分。因为你之前就有过一个人在国外生活、读书和工作的经验，而且你又会做饭。如果我一个人独居这么长时间，吃饭、打扫房间等方面对我来说会是非常大的挑战，我不确定自己能不能应对这样的挑战。

在独居这段时间，由于太长时间没有和外界交流，没有和朋友们见面，是否会让你产生一种强烈的想和别人交流的欲望？比如，以前都是我给你打微信电话骚扰你，现在你偶尔也会给我打视频和我聊天。

颜如晶 → 有啊，我有倾诉欲。可能我几天都没和人聊天了，可以和朋友们分享一下彼此的生活，要不然真的会很无聊。

3.

应变能力是必备的能力

肖　骁 → 如晶一开始是从马来西亚来到北京生活，现在又一个人跑到上海生活。我觉得你好像有意地不让自己处在一个非常稳定的社会结构和社会关系里面，每过几年你就会有这样的转变，是你自己刻意营造的吗？还是不知不觉地被命运推着走？

颜如晶 → 如果要从你提出的这两个选项中选的话，应该是命运让我改变的吧。

肖　骁 → 有一只无形的手推着你。有很多朋友因为各种原因不得不一个人在家。在现代社会当中，你觉得独居能力是必须具备的吗？

颜如晶 → 我觉得是必需的吧，其实我觉得更精准一点的话，应该说生活中拥有一定的应变能力是必需的。不管你在任何环境里，从居家到职场，到三观和人生态度，或者对自己的要求，我觉得都要有一定的应变能力。因为这个时代不可控制的东西太多了，所以如果你一直紧紧地抓着一个原则或者一种方法，甚至是一个技能生活的话，太容易被淘汰了，太容易被边缘化了。

肖　骁 → 我们不仅仅是因为独居需要适应变化，工作现状也需要不停地做改变。比如，如晶和我现在都开始在做直播。你觉得直播这件事情会让你有成就感吗？做下来之后你觉得直播是自己喜欢做的事情吗？还是仅仅觉得这是一个工作方面的选择？

颜如晶 → 我挺喜欢的，因为直播是另外一个技能。我会辩论，现在还会直播，这个技能既能解决我们的温饱，而且能消磨我们的时间，还能给我们带来巨大的安全感。所以我觉得它是一个很好的技能，也很符合我们当代人的生活习惯。

肖　骁 → 其实直播跟我们之前做的工作也算是“一里通百里明”的关系，都是说话，只是我们之前说话推销的是观点，现在变成推销商品了。你从这件事情当中得到最大的成就感是什么？

颜如晶 → 最大的成就肯定是我收获了一批新的粉丝。他们甚至没有看过节目，没有看过《奇葩说》，没有认识过我。他们无意间刷到了我的直播，选择相信我的产品。他们成了我的卖货粉丝。我一直想给自己增加新标签，我不想只当辩论员，或者只当《奇葩说》的辩论员，但是我身上《奇葩说》的影子还是太重了，后来我上过很多节目，大家对我没有很深的印象。现在我通过直播获得了一个新标签，所以很感动，很开心。

肖　骁 → 以前我们都是通过《奇葩说》这个节目被大家认识的，在节目中我们说的话是为观点服务的。那你会不会觉得，现在直播更多地要去迎合和讨好观众或粉丝、消费者？这一点是绕不过去的，你做起来有障碍吗？

颜如晶 → 我一直都在迎合大家呀，我根本没有觉得《奇葩说》开辟了一条新路让大家来迎合我们，没有。我们还是在迎合大家，怎么可能是别人迎合你？可能你比较傲慢吧，你觉得你本身就是带领大家的，但是我不是。

肖　骁 → 我也没有，我也是为观众服务的。

颜如晶 → 对呀，所以没有差别呀，只是表达方式跟表达内容不一样。之前在《奇葩说》，他们想听的是关于他们情感问题的讨论，不知道要选择去大城市还是小城市，不知道要选择辞职还是留下来……我们在他们的理解范围内，给了一个很好的答案，或者是提供了一点方向。但现在他们不知道要选择海南贵妃芒还是小台芒，我告诉他们海南贵妃芒在这个季节是最棒的，最新鲜的。其实是一样的，我用的技巧就是销售方法，从销售观点到现在销售产品。所以没有差别，我也不会觉得《奇葩说》的观众会比买油盐酱醋茶的那些朋友高级一些。但有一些朋友会觉得我去卖东西是不珍惜羽毛。

肖　骁 → 我懂，我也收到过很多这种评价。他们说直播是每个艺人演艺生涯的尽头。如晶说得很好，我们从来没有要引领风向或者影响舆论。我们从推销观点变成了现在推销产品，观众从辩论的爱好者变成了消费者。你一个人做带货销量最近怎么样？

颜如晶 → 嗯，其实挺好的，在稳步地进步。我觉得直播最有魅力的地方就是它是很难得的、可以越努力越幸运的事情。现在有些事情不是说你使劲就会有结果，但是直播是可以的。因为它是一个计算方法，是大数据。只要你累积足够的直播时长，只要不断地练习，就会有越来越多的观众。第一个月的时候可能有两百人观看你的直播，第二个月的时候就有四五百人，你可以走得很慢，但是终将会往前走，我觉得这就很棒。但是辩论时哪怕天天写稿子，我也可能会越变越差。直播只要我天天播，我会越变越好。

肖　骁 → 你认为直播带货的魅力是每天都能看到自己的成长。我认为直播带货的魅力在于它可以反馈实时数据。不像我们之前的录影，你这一期录得好不好，观众的反应好不好，这一场有没有金句产生，有没有上热搜，等等，最后是要看收视率、看热度来决定。但是直播东西卖得好，你当下就会看到那个数字。当下就会知道。这个是之前录影中感受不到的一种刺激。

颜如晶 → 嗯，也是，那个是很具有即时性的成果。

4. 会自我反思的人无时无刻都能反思

肖　骁 → 我们之前讨论过一个问题，就是人一定要有一个跟自我相处和对话的时间和空间。独居这段时间，你最想跟自己沟通的事情是什么？有没有在这段时间进行自我剖析？记得上一次聊这些事情的时候，是我们一起去戈壁时。你觉得自我剖析是大家需要去做的吗？还是你觉得想聊就聊，不想聊拉倒。

颜如晶 → 不是想聊就聊，不想聊就拉倒。是会聊的人就会聊，不会聊的人不管怎么样都不会聊。我是会聊的人。没有必要把大家放到戈壁滩，然后让大家自我思考。我觉得执中学长说那一句很对，他平时泡澡的时候，就已经在自我思考了。所以你知道吗？会自我反思的人，他们无时无刻不在反思，比如说睡前反思一下。它比较像习惯，如果你有这个习惯，就会这样做，如果你没有，就不会。这和运动习惯是一样的，平时爱运动的人居家肯定运动；不爱运动的人，像肖骁，居家两三个月，你肯定不会把瑜伽垫拿出来运动的，因为你没有这个习惯。

肖　骁 → 是，如果现在让我独居很长时间的话，我会跟自己讲："不是我不健身，是没有办法，没有条件。"这件事情不是我不做，而是这个现状让我没有办法去选择。我们讲点稍微轻松一点的东西啊，晶晶你最近一次做得最满意的一顿饭是做了什么？

颜如晶 → 我前天自己做了一顿咖喱鸡，就是传统马来西亚的、我老家的咖喱鸡，配了一个手抓饼。我吃的那一刻，幸福感爆棚。

肖　骁 → 你会觉得在这种情况下吃到的食物特别好吃吗？

颜如晶 → 肯定会啊。很多上海的朋友都会做一种小吃，饭团冷了之后，拿出来炸，好像是上海一个很普通的、大家都会吃的一个小吃，像成都的糍粑一样。平时我们只会去饭店里面点，绝对不可能有人会在家里做这个东西的。但是现在大家都在做，做的时候肯定会觉得这个东西巨好吃。我觉得这种小小的、以前不会察觉的快乐，现在会给你带来巨大的幸福感。

5. 总结

我和如晶聊完她的独居日记，其实有一种特别强烈的感觉，在非常被动的情况下，陌生人之间会产生非常多的连接。就好像之前我们可能不会跟同一栋楼的任何人打招呼，或者跟大家不会产生情感联结，不会彼此帮助。但是现在在一个陌生的城市里，我们能够感受到邻居之间的温暖，会有远亲不如近邻的感觉，大家互相帮助。独处居家的经历会让我们更加懂得珍惜以前生活当中那些不起眼的小事。

BEGINNING

PART

4

蛇精男的进阶之路

嘉宾

林皓洋

↙ **嘉宾：林皓洋**

年龄 → 不到 30 岁

职业 → 演员

用一个词形容自己的外形 → 阳光

如果有一盆奇脏无比的水喝完之后可以让你变年轻五岁，你愿意喝吗：马上服下

外貌升级做了多少次 → 大的升级可能也就是三次左右，小的一些返场一直都有

0. 序言

我们一直在跟大家讨论容貌焦虑这个话题，这次重点是想讨论一下，医美到底是在缓解容貌焦虑还是在制造容貌焦虑？

1. 医美前必须想清的那些事儿

肖　骁 → 我想问一下皓洋，你对自己现在的外形是满意的吗？

林皓洋 → 其实没有满不满意，现在我觉得我的外形达到了比较平衡的状态。

肖　骁 → 你觉得对外貌进行调整，是满足自己对容貌的需求、缓解焦虑，还是在迎合大众的审美需要？

林皓洋 → 这个问题问得特别好，这是我自己一直在思考的。我参演的戏播了之后就被大家吐槽说脸不自然，被骂得很惨。很多网友说我把重心全部放在整形上，模糊了对演技、表演的锻炼。这种评论让我很难受，所以我痛定思痛，想要改善这种情况，想要变得自然。进行外貌修改的起因一开始是想要取悦观众，但后来自己的审美也在进步，好像别人说什么也不是那么在意了，觉得自己开心比较重要。但是完全不在意别人的评价也是不可能的，作为演员还是想得到别人的认可。

肖　骁 → 第一次开始做外形变化的时候，心态和动机是什么？希望自己眼睛大一点、鼻梁高一点，外形要好看一点？

林皓洋 → 我高中的时候在网上看到网红鼻祖的照片，感觉很有视觉冲击，他们的大眼睛很二次元很动漫，给我带来了强烈的视觉震撼。因为我长得比较白净，眼睛小小的。当我看到了他们的照片就觉得这种长相也是我想追求的。考学来到北京以后，我就有了很简单的愿望，想要有一双大眼睛，所以第一步就是去做了双眼皮。就是完成一个简单的愿望，没有什么目的，结果做完双眼皮之后一发不可收拾。

肖　骁 → 我发现好多人做外形调整第一步都是做双眼皮，我也是双眼皮。

林皓洋 → 是吧？而且有点心血来潮的感觉。

肖　骁 → 现在很多网红通过整形进入大众的视野，会影响青少年的审美吗？会不会让青少年觉得整形是一条捷径，让大家非常武断地认为某一种美是好看的。就像当初年少的你一样，会被一种审美所吸引，然后造成审美固化。

林皓洋 → 这个是肯定会发生的。年轻人的想法、审美很容易受到影响。再者说互联网时代年轻人接收信息非常快，他们在穿搭、外貌的调整上受到网络的影响是很大的。我想和大家说，虽然我自己一路走来都在调整自己的外形，但是我并不建议年轻的朋友们一上来就整脸。你可以通过妆造、改变穿衣风格让自己变美。

肖　骁 → 当审美固化，每个人的脸变得千篇一律的时候，颜值经济会变得越来越泡沫。

林皓洋 → 颜值经济是媒体鼓吹的，现在的小孩觉得好像只要有外貌，或者是只要整成类似网红的脸就能赚大钱，就能过上光鲜的生活。这是错误的，人要有过硬的才华才能在社会上立足。

2. 整形开弓没有回头箭

肖　骁 → 我在思考整形这件事情，到底是不是一条不归路？比如，做了微调之后，整得好的地方，会想变得更好，受到好的评价之后，就会想得到更多好的评价；如果整得失败的话，又会陷入一个不断修复的死循环。所以我觉得整形这件事开弓没有回头箭。

林皓洋 → 嗯。希望大家一开始不要钻牛角尖，因为动五官是最麻烦的，它就像雕刻艺术一样，没有这个金刚钻就不要去揽这个瓷器活。

肖　骁 → 大家不要觉得整形就能贴近自己想要的样子，贴合自己的审美，其实往往是在贴合医生的审美。最后整出来的样子可能不是你想要的，而是那个医生觉得好的。所以大家整形之前需要有心理准备，可能有的时候效果并没有自己想的那么好。这件事是很有风险的，而且后果在很多情况下是不可逆的。如果我们在做外貌升级的过程当中，遇到自己不满意的情况，那这是在缓解容貌焦虑还是在制造容貌焦虑？因为我永远希望自己的脸呈现出最好的状态，这个事情就是一个无底洞。

林皓洋 → 没有最好。

肖　骁 → 我们会有跟自己的外貌和解的那一天吗？比如说从容地接受变老，从容地接受有一些地方垮掉了，等等，你觉得我们会有那一天吗？

林皓洋 → 像我们这样的人应该不太可能。因为我们肯定还是比较在意外貌，肯定还是希望自己好看，有一个更好的状态。衰老是一定要接受的，但我们一定要让自己看起来精神一点，让自己看起来年轻几岁。

肖　骁 → 只要科技不停止进步，我们就不能停止进步，是这个意思。

3. 现在的我不会去看五官，更喜欢他的人格魅力

肖　骁 → 有人说："过分地注重颜值和我们提倡的勤奋、自尊、自信的价值观是相悖的。"你觉得这句话有道理吗？一个外貌协会的人真的不具备这几种品质吗？

林皓洋 → 我觉得这就是无稽之谈，很多人是在偷换概念。有些人不愿意迈出这一步才是懒惰。他懒于去改变自己的外貌，他不敢去面对自己外貌上的不足。然后他们偷换概念，说整容的人是想走捷径、是懒惰。各人有各人的选择，选择尊重他人命运，大家不要互相干涉，每个人都有自己的人生道路要走。

肖　骁 → 我是觉得这个社会是看脸的，而且在很长一段时间大家都会看脸。我觉得整容不能算是想走捷径或者想偷懒。一个人想通过改变容貌来谈一段恋爱，或者让自己的工作更顺利，这个心态其实没有错。但是想通过整容逆天改命，这样的价值观我是不认可的。我们不能否认外貌在一定程度上确实是做很多事情的敲门砖，或者是一张非常有用的名片。但是如果你只想通过一张名片谈成一单生意，落成梦想里的那座大厦的话是不现实的。虽然我和皓洋都做过外形调整，但是我们从来没有觉得只靠好看就可以走得更远。你因为整形这件事情有被叫过什么外号吗？之前有人骂过我“蛇精”之类的外号。

林皓洋 → “换头怪”啊。有些人可能真的很喜欢把自己弄成真人芭比。我会点进去他的账号去看他，觉得他性格还挺可爱的。其实他自己开心就好了。他的外形可能作为旁观者来看是有点夸张了，但是我觉得那是他的自由，反正我是绝对不会发表任何观点，不会去评判别人的。

肖　骁 → 我们有什么资格去评判别人啊?

林皓洋 → 并且我们有相同的经历，就更能多一份同理心吧。

肖　骁 → 有一件事其实是我们没办法否认的，一开始参与整形多少是因为有点容貌焦虑。在你心目当中，你觉得一张完美的脸是什么样子的?

林皓洋 → 我以前会觉得金城武、吴彦祖这种雕刻面貌特别好，现在自己年纪也增长了，更喜欢带有一些“氛围感”的外貌。

肖　骁 → 给我一个名字!

林皓洋 → 我不知道。现在我不会去看他的五官，更喜欢他的人格魅力。

肖　骁 → 你做了这么多调整，现在开始在乎内在美了。

林皓洋 → 我觉得这也是有点奇怪了。

4. 束缚你的不是别人的眼光 而是自己的内心

肖　骁 → 我们都觉得整形是一件非常有风险的事情，而且希望大家在做这件事情之前不要跟风，不要看到别人整形后日子好过了就去模仿他的做法。我倒不觉得是因为他们变得更好看了，才受到更多的关注。我觉得他们对自己更有自信心了，自信是让他们变得更好看的重要契机。有些人可能是通过填充内在，让自己“腹有诗书气自华”；有些人可能是通过改善自己的外形让自己“回眸一笑百媚生”。我们要尊重自然规律。虽然我一直在强调不要有容貌焦虑，提倡审美自由，但束缚你的不是别人的眼光而是你自己的内心。我们聊这个话题绝对不是鼓励大家整形，每个人都有追求美的权利，但绝对不仅仅靠整形才能够做到。我不是在讲莫名其妙的鸡汤，是因为我们自己也做过很多这方面的改变，做完之后，很多人看到你以前照片会说“我觉得你不整的样子就很好看”。如果整得好，那好的外形条件当然会为你的人生加分，但是如果整得不好的话，也会烦恼。最后，皓洋能不能给一些年轻的朋友，给当初的自己一点人生的建议？告诉他们你走过的一些弯路，得到的一些积极的启发。

林皓洋 → 我想引用我特别喜欢的一位心理学专家武志红的一句话：“一个人要获得真正的幸福，不需要任何的外在的条件。”你不需要有什么过人的容貌，也不需要有大量的财富，你只需要深入到人和人的关系中，你就能获得足够的爱。人其实活在世上就是想要被爱，就是想要获得关注。你不需要有什么多好看，你也不需要有多惊人的财力，你不需要有多么显赫的家世。大家一定要想明白，生而为人我们就有权利获得幸福，而不是一定要有一张美丽的脸。如果你觉得自己被容貌焦虑裹挟了，那就偶尔跳脱出来看一下、观察一下、反观一下自己。有时候你需要给自己松松绑，深入到朋友当中去，深入到爱你的人当中去，和家人搞好关系，你就已经很幸福很快乐了，其实获得快乐是非常简单的。

5. 总结

我觉得人想要获得真正的自由，不应该盯着镜子里面的自己，而要通过眼睛多去看看世界看看别的人。我们的容貌焦虑暂时无法完全解决，但是我们可以思考一下，是不是焦虑错了？我身边很多事业非常成功的朋友，他并不符合大众审美的标准，但是他们不会因为自己的容貌而焦虑，因为他们有更重要的事情去做。

人为什么会有容貌焦虑？可能不是你觉得自己丑，而是你把人生的无可奈何或者无能为力的原因归结为自己不够好看。所以我觉得容貌焦虑虽然真实，但是我们有的时候焦虑错了。

有人可能觉得改变容貌是捷径，是最容易的一种方式。往往最容易的那条路它看上去铺满了鲜花，但是花丛中可能遍布着荆棘。

之所以跟皓洋聊了这么多，一是我们都有和整容相关的经历，二是我们深深地被容貌焦虑所困扰。最后我们都已经意识到，我们开始对整形这件事在做减法了。希望所有的朋友们，人生也可以慢慢地做一点减法。年轻的时候你是有资本去造作的，但是到了一定年纪，希望大家都可以像皓洋一样，只看到别人像金城武一样被雕刻过的五官，还能够更深层次地发掘别人的内心。

第三辑

解锁快乐指南

在满地六便士中，找回看月亮的勇气

BEGINNING

PART

1

浪漫
——我们只学会浪

嘉宾
席瑞

↙ **嘉宾：席瑞**

年龄 → 28 岁

职业 → 教师

你是个浪漫的人吗 → 不太浪漫

你做过最浪漫的事情是 → 一个人晚上去阿里山散步

MIX AND HIS GOOD FRIEN

0. 序言

我们这次找席瑞来聊的话题是什么呢？那就是“浪漫”。我觉得我们现在这个阶段对“浪漫”的定义跟以前不太一样了。“从前慢，一生只够爱一个人。”但是现在随着科技和网络的发展，大家的生活节奏也变得越来越快。

现代人的爱情在我看来更像是一部罗曼蒂克的消亡史，为什么要跟席瑞讨论浪漫呢？因为在我的所有朋友当中，席瑞是最做作的一个，我们就叫他诗人吧。

1. 那些日常生活的诗意时刻

肖　骁 → 我们为什么想跟大家来聊浪漫，是因为最近的很多事情已经开始让我反思自己活着的质量了。我的浪漫可能像冬天的小花蕊，是非常稀缺的存在。这次找席瑞呢，一方面想谈谈我们经历过哪些浪漫的事情。还有一个问题就是说我们现代人对待浪漫跟往常相比一样脱物吗？还是我们现在变得更物质更世俗了？这次要聊的就是浪漫这件事，我们学会“浪”，却不知道怎么让彼此都“漫（慢）”下来。

席瑞做过最浪漫的事情是什么？

席　瑞 → 一个人晚上去阿里山散步。我没有沿着大路走，一个人沿着那些没有开辟过的小路走，结果走着走着就遇到了一片萤火虫，非常神奇，很浪漫，而且是非常偶然遇到的。第二天我没有重复这条路，没有再遇到。

肖　骁 → 这是一种偶然的浪漫。你觉得浪漫是不需要计划的吗？

席　瑞 → 对，它得不经意，而且它没法再重复，能重复的东西没那么浪漫。

肖　骁 → 哇，这个定义很新鲜但是很有道理。你最近一次在生活里体会到的浪漫是什么事？

席　瑞 → 去年年底，有一天北京下雪，我在家里面开着暖气，一个我比较中意的人在我身边给我煮火锅，然后我有点做作了啊。

我正好在旁边读汪曾祺的散文，有一段文字特别好，那个人在那儿煮火锅，我就念出那段文字。窗外在下很大很大的雪，屋里特别温暖。那个时候希望时间可以再长一点。

2. 心有灵犀的决定 去做一下就很浪漫

肖　骁 → 你觉得感受浪漫的能力会不会随着年纪衰退？

席　瑞 → 我觉得是会的。可能不是随着年纪，而是随着我们工作的强度在衰退。

肖　骁 → 说到浪漫，我觉得现在的人越来越务实了。生活压力越来越大，生活成本越来越高，好像没有过多的精力、财力或者能力去负担浪漫了。但是通过和席瑞交流，我感受到的是，浪漫不需要什么成本。可能每个人对于浪漫的定义不太一样，在我看来浪漫是需要有一定价值的，当然你可以自己去发掘生活当中的浪漫。

你觉得这辈子一定要追求一次奋不顾身的爱情吗？可能那个人不符合你的要求，你也知道跟她在一起没有一个好的结果，你要为她放弃很多东西，比如说你的工作，你的生活，等等。非常“琼瑶式”的一段爱情，你还相信吗？

席　瑞 → 我做不到，我屡次在地域与恋人当中做选择时都选择了自己。

肖　骁 → 我们一般都说浪漫是所谓的非理性主义，那非理性的冲动背后其实意味着我们特别懂得衡量对方是否值得。

席　瑞 → 我非常赞同这个观点。我觉得浪漫一定要伴随着非常激烈的情绪释放而出，那一刻，你的选择可能没有那么理性，你不会去计算当中得失。所以我觉得随着我现在的工作越来越忙，浪漫在我的身上正在消亡，因为我越来越精于算计，也越来越会控制自己。

肖　骁 → 只能说你成长了。我可以确定的是告白就是一件很浪漫的事情，但现在的人好像越来越习惯暧昧了，因为觉得告白的成本太高。

席　瑞 → 如果一个人精心策划烛光晚餐，晚上拿出一枚钻戒跟你告白，你会心动吗？你会不会觉得这个是浪漫？

我先说我的答案：我不会。我觉得TA一定要在不经意间，比如我们在某一个场景下，没有设想过的一个情景，那一刻TA突然告白了。那个事情我可以不断回忆，因为它无法重复。

但是如果我知道 TA 为这个事策划良久，一切都是非常工业化的程序，我真的连装都没法装。

肖 骁 → 你觉得这种所谓的仪式感不是浪漫。按照这个标准想要浪漫很难，因为它很偶然，你要去找。

席 瑞 → 我感觉浪漫是天降的，不是你能够把控的。

肖 骁 → 你的观点是，要让大家养成会欣赏浪漫的眼睛，如果有这样一双眼睛，任何时候我们都有办法发现浪漫。

席 瑞 → 还有，希望我们能随着内心的直觉去做一些判断，而不是提前计划好，因为计划还是在一个很理性的范畴。

举一个最简单的例子，我们今天约好了晚餐和电影，如果我们最后意犹未尽，又选择半夜去喝酒，或者去散步，那就是浪漫的，因为它不在我们的计划之内。

肖 骁 → 抛开所有的按部就班，偶发式的，两个人心有灵犀地决定去做一件事就很浪漫。

席 瑞 → 对，两个人非常心有灵犀。

3.

柴米油盐
也是一种浪漫

肖　骁 → 每个人对浪漫的定义不太一样，我觉得其实浪漫还是有性别标签的。女生更在意浪漫的感觉，男生不能说不浪漫，但是他们的浪漫可能会更务实，可能更聚焦在一些家庭生活方面，他们会觉得柴米油盐也是一种浪漫。

我的好朋友跟她老公结婚很多年，我问她老公对她现在的感觉，她老公说：“我觉得肯定不能和恋爱的时候比了，现在就是亲人的感觉。”我们当时听到很诧异，没有女生愿意听到“我现在把你当成亲人”。

但是她老公非常真诚，我就觉得可能双方对浪漫这件事情的态度不太一样了。你觉得性别不同，会导致大家对浪漫的期许不太一样吗？

席　瑞 → 我觉得可能不是因为性别不同，最大的问题是她老公说的是“我们是亲人”，他怎么在亲情中发掘出浪漫。我提到去年年底感到浪漫的那个时刻，那不是一个特别的时刻，是非常日常的状态，但我希望它很绵长。

我非常珍惜这样的时刻，就好比这个心仪的对象如果在我们家留宿，晚上的时候我们一起点着一个小夜灯，看一部电影，吃一些零食水果，喝两杯酒……我希望这个时刻可以被无限延长，但我们其实并没有说什么话，我们俩也没有任何特殊的计划和时刻。

所以，还是要看这位朋友的老公心目当中的浪漫她接不接受。

肖　骁 → 是的，每个人对浪漫的标准可能不太一样。现在有很多人在追求在朋友圈秀恩爱，那对他们来说可能也是一种浪漫。

他们把事情昭告天下就会让自己的虚荣心得到满足吗？你觉得“浪漫”和“虚荣心”是有关系的吗？比如，在情人节收到自己想要的一个价格不菲的礼物，你觉得这是浪漫吗？

席　瑞 → 我觉得“浪漫”跟“虚荣心”有一定关联，但是应该调整两者的比重。浪漫为什么会跟虚荣心关联？是因为每一个虚荣心都要证明一件事，叫“我们之于世界是不同的”。比如，一个人发朋友圈，内容是秀恩爱或者被送礼物，发出来其实都是在不断加深一组关系：“我和我的其他社会关系的不同之处在哪里。”

他在证明这段关系的特殊性，浪漫性就会在里面。但是我更想分享一个观点，我觉得浪漫是生活当中的“文学时刻”或者叫“诗意瞬间”。这个是非常难得的，因为我们很难把生活过成诗和文学，生活中的浪漫也是不期而遇的。

4. 学会“浪”，但也要让彼此都“漫（慢）”下来

肖　骁 → 我自己人生经历过的为数不多的浪漫时刻，都是会让我有非常明确的生理反应的。我不知道大家什么时候能够感知到浪漫，不如去感受四个字叫作“鸡皮疙瘩”。我会在一个瞬间起鸡皮疙瘩，此时浪漫就发生了。

你已经多少年没有起鸡皮疙瘩了？现在的年轻人在职场上越来越敏感，但在爱情方面却越来越钝感。很多人都在经历快餐式的感情，有没有觉得“现实主义”正在扼杀“浪漫主义”？

席　瑞 → 我甚至不确定它是不是现实主义，我觉得现实主义里面也是可以有浪漫的。现实应该是可以比诗意更诗意的，因为它比诗意更高。

旅行时，我们阴差阳错没有赶上某一个非常好的瞬间。如果在茶卡盐湖想要看到天空之镜的话，必须是非常晴朗的日子，但是西北地区晴朗的日子可能一年只占一半，所以根本没法预测到。我就是在雨天去的，从盐湖到天空都是灰色，一点儿也不白净，但感觉是不一样的。我一下子觉得天空之

镜好逊色，因为我看到的景色就是独一无二的。黑云压在天际，将发未发，等我走的时候大雨滂沱。如果我再晚一点可能火车就停了。

大家其实既没有活在浪漫主义也没有活在现实主义中，大家活在了麻木里面。“快”是扼杀一切感官的标准。它让你既没有办法踏实踩在地上，也没有办法让你飞翔在云端。因为互联网世界就是快节奏的，反馈要快，刺激要快，节奏也要快。什么都要快的时候，大家是没有感官的，所以当然没有办法体会浪漫。

肖　骁 → 我们都学会了怎么去“浪”，但是我们不知道怎么“慢”下来。在爱情中也是如此，有的人特别急于对一段感情盖棺定论，但其实有的时候慢慢地享受交往的过程或者彼此拉扯的过程也是很美的。

为什么现在谈恋爱这么讲究效率？不管是出于年龄焦虑，还是生育焦虑、婚姻焦虑……其实是因为大家的时间越来越紧迫了，都在强求一个结果而非过程。你有什么办法可以帮大家缓解这种焦虑吗？

席　瑞 → 我没有办法。因为我自己也活在这样快节奏的生活当中，正常人的时间应该是被分割成好几份的。比如，两个人相处谈恋爱，那不就是在浪费时间吗？但是现在留给两个人相处的时间非常稀缺，是值得珍惜的，而不是一种浪费。

肖　骁 → 你觉得浪漫最大的敌人是什么?

席　瑞 → 效率。

肖　骁 → 浪漫最大的敌人是效率，其实跟我想的差不多，我觉得浪漫最大的敌人可能是“务实”。比如，我要去看那一片美丽的天空，但如果我知道有雨，可能就不会去了。

5. 制造属于自己的浪漫

肖　骁 → 我们很容易对一些人产生非常强烈的刻板印象，比如理工科的男生，我们对他们的刻板印象就是不浪漫，但也有男生为自己的女朋友编写了一个表达爱情的游戏。如果浪漫结合自身的特点，发挥一些自身的优势，可以创造出一些不一样的火花吗?

席　瑞 → 反差会有浪漫，因为有反差会有很大的惊喜度。平时他没有展示这一面，但突然展现了不一样的自己，你就会觉得他还挺浪漫。

肖　骁 → 你身边那些跟你一样的“文人墨客”有做过类似这种很浪漫的事情吗？

席　瑞 → 他们很矫情欸，他们也是半夜写诗，然后早上起来删掉……

肖　骁 → 在写过的诗里，你有自己特别喜欢的吗？

席　瑞 → “我在这里转头，窝在自己怀里，在吐露着别人的梦呓。”

肖　骁 → 这种诗一般是写来孤芳自赏还是拿去送人的？

席　瑞 → 不会送人，但在社交平台上都会发布。现在就写不出来，从意识到要读研究生的时候就写不出来了。我觉得那些语言就是朦胧的，它是当下的一些感觉，我写诗就是当下即写，比如在公交车上我感觉来了就会写。

现在，一是这样的诗意瞬间很少，二是你用语言刻意写出来的就非常切实。其实诗歌是语言跟现实距离或者跟心理距离拉得越远越好。但是我越写越像断句的散文一样，它太实在了，落到地上了。

肖　骁 → 都说浪漫在过去通常是脱物的，但我们现在比较喜欢做一件事情就是寄情于物。现代的浪漫越来越依赖于物质，好像不承包一片鱼塘，不为你绽放天空的烟火，就感觉不到爱的浓烈。现在的浪漫一定要看到、听到、摸到、得到。脱物的爱会不会给别人一种耳听为虚的感觉？

席　瑞 → 我觉得这是感受能力的区别。如果我在一些物质上表达爱意，这是所有人能够感受到的。就算我是一个再木讷的人，只要给你足够的钻戒、鲜花、巧克力、红酒、餐厅，那么你就一定能够感受到爱意。这和消费主义有很大关系，商家会炮制非常多的话语来让你证明自己，让你向对方索取，我觉得这是非常不好的合谋。两个人在一起的门槛很低，有人刻意去制造的时候，会削减我们对浪漫的感知力，让我们感受浪漫的方式越来越单薄，越来越肤浅。

肖　骁 → 其实你说到消费主义或者消费陷阱的时候，我想到一个品牌的鲜花，说你这辈子只能给一个人定。我不太懂这算是浪漫还是噱头，但说服不了我。我不觉得一辈子只给她买这个牌子的鲜花能够说明任何问题。

我觉得当浪漫跟自己的能力或者消费水平挂钩的时候，用金钱把人分成三六九等的时候，浪漫就是一种浪费。而且这消费的不仅仅是我对你的爱，还是我自己对效率的认可。

所以浪漫这件事情它首先有一个大前提，就是平等。不能说谁有钱，谁的条件好，谁就更懂得制造浪漫。

6. 属于自己的浪漫时刻

席　瑞 → 如果一个人在这当中感受到浪漫，那就要拷问一下他到底是喜欢钱还是喜欢浪漫。这两件事情完全不一样，因为钱是世界上最不浪漫的东西。

第二个是大家可以想一些瞬间，你多久没有从对方的眼神当中读到浪漫？你多久没有从对方的触摸当中感受到浪漫？你多久没有从对方的气味当中感受到浪漫？你有没有那种心领神会的时刻？比如，我新认识一个约会对象，我们俩彼此很中意。如果在一个人数较多的饭局上，其中一个人感觉很乏味、很疲惫，TA 在酒桌的另一边，我在酒桌的这一边，但我们俩彼此对了一个眼神，想到一个方式——前后溜出去。两个人没有挑明，一起协商好往外走。

这是没有经过语言沟通的，是一种心领神会。这东西是需要读的，是需要场景的。这会非常考验两个人关系的深度和解读能力，但很多人在丧失这种能力。

肖　骁 → 你说的这种感知能力太可遇不可求了。你认为的浪漫之所以珍贵就是它的可遇不可求。物化的浪漫是在走捷径。承包一片鱼塘的浪漫我不是做给你看的，我是做给自己感受的。此刻我会有一种非常强烈的满足感和虚荣感，或者是成就感。我让你开心了，让你感觉到浪漫了，但是你到底是不是真的想要或者你有没有感觉到，对我来说不重要。可能像是一个任务性质的，这件事我做了，我今天打卡了就好。

你说浪漫一定要脱物，有些人会告诉你另外一个理论，如果一个人连钱都不愿意为你用，那他一定不爱你。

席　瑞 → 那这样说，穷学生就不能谈恋爱？因为他们没有办法去创造浪漫。

肖　骁 → 有的人对浪漫有另外一种解析。比如，他只有一百块钱，但是九十九块钱都愿意给你用，那这也是一种浪漫，因为有人在乎的是付出和所得的比例关系。

席　瑞 → 钱是一般等价物，最直观。如果他有一百块只给你用一块，不要谈浪漫了，他都不爱你。我觉得浪漫的要求比爱还要高一点点，它是对爱的方式，对两个人的相处模式的更高期待。

肖　骁 → 可能两个人没有产生恋爱关系，但是彼此之间依然能够感受到浪漫的存在，哪怕是朋友。浪漫不是爱侣之间专属的词，是吗？

席　瑞 → 对呀，一个人也可以很浪漫。心情很好的时候自己在家里喝一杯红酒，听自己喜欢的音乐，也会有属于自己的浪漫时刻。

肖 骁 → 其实有的时候我并不觉得人类一定想要在纪念日或者情人节得到什么东西，但是对有些人来说，发朋友圈晒礼物的意义比实际礼物的价值来得更大。

席 瑞 → 我赞同。我觉得仪式是需要的，因为人们度过的时间只有通过仪式表现出来才有重量，不然它就是均质的，这样是没法让人感受到人生时刻的，所以得用仪式来定义一些坐标。

肖 骁 → 我觉得浪漫有非常强的存在意义，就是人这辈子真的不是靠两个人的磨合、相处或者陪伴过去的。一段关系能够撑下去是靠瞬间，不管是浪漫的瞬间还是温暖的瞬间。制造瞬间是浪漫存在的最大意义。生活会消磨两个人很多的热情，但是有一个瞬间我回头，或者十几年后我回头，能够记得某一年某一天你做过什么样的事情，这就是维持关系的力量。

席 瑞 → 一个重要的浪漫时刻抵得过很多庸常的生活瞬间。

肖 骁 → 所以你觉得浪漫会脱离了物质基础而存在吗？有听过一句话：没有物质的爱情就像一盘散沙，不用风吹，走两步就散了。没有物质的浪漫是可以成立的吗？

席 瑞 → 当然成立，但它的技巧要求更高超。因为你要超脱于物质去表达浪漫且对方要能够感受浪漫，这个能力是很宝贵的。它需要更多的创意。

肖　骁 → 其实打败爱情的不是没有物质的浪漫，而是没有物质的生活。

7. 浪漫不一定意味着舒服

肖　骁 → 你对现在年轻人的感情观怎么看，不管是快餐式的爱情，还是轰轰烈烈的爱情，或者追求仪式感的爱情，等等，你觉得大家对待浪漫的态度应该是什么？是有就是有，没有就不要强求吗？还是我们一定要在平凡生活中刻意制造一点点浪漫？

席　瑞 → 其实浪漫还有另外一个侧面，就是危险。我们刚开始谈浪漫的时候，用到一个词叫“非理性主义”，如果我们的日常生活能够在消费当中获得浪漫，追求一些温馨的仪式感或者时刻，这些都还在一定的“度”里。

我一直还羡慕另外一种浪漫，我做不到，但我隐约觉得自己有这种倾向，就是自毁。它是很危险的，极致的浪漫化。我给你讲两个自毁的例子，一个是英国的迷你剧《伦敦生活》。我觉得那个女主人公很浪漫，她就是活在想象世界，总是冲着镜头说话，只凭当下的感觉，想做什么就做什么，不计后果，所以把自己的生活搞得一团乱。这是一个很浪漫的人，但她的生活是没有秩序的，她的生活没有任何的稳定性、确定性和秩序性。很精彩，但她会把自己毁掉。有一种超脱于自己的力量在拖着她往下走，她做了很多努力和尝试，想要把自己变得跟她姐姐一样正常，但是她没有做到。

肖　骁 → 我知道女主的人生是失序和失控的。你觉得这很浪漫，那你向往这样极致的浪漫吗？

席　瑞 → 我做不到，我太理性了。我有几次都想这样，但我知道这样会给我带来痛苦，所以我是在亲密关系里面追求痛苦。

肖　骁 → 我觉得女主是属于绝对感性的代表，她对自己的人生毫不负责。她有努力，但还是把自己的欲望放在第一位，她不是跟随自己的内心，是听从自己的欲望。

席　瑞 → 但是她是无意识的，我觉得很可惜的是大家可能会用道德标准去评价她们。有人会说她活该，说她：怎么这么不自控？怎么这么没有控制感？怎么这么没有自律精神？她身边的人都被拽到旋涡里去，她像个黑洞，姐姐、爱人、家庭、父母都被拖到旋涡里，她就是一个永远的麻烦制造机，但她是无意识的。所以我说浪漫再往前进一步就非常具有毁灭性，它不是大家想象的那种非常安全的仪式感。

肖　骁 → 这是我们要的浪漫吗？会不会是我们对浪漫有误解？有的时候浪漫可能带给我们的不一定是非常好的体验，可能是一段感情关系的结束，或者自己人生的不可收拾。如果这个也叫作浪漫的话，那浪漫在这里是不是变成了一个中性词？

席　瑞 → 浪漫不一定意味着舒服，它有危险性的成分在，它甚至让你痛苦，它可能还让人走不出来。有种人的人生剧本非常浪漫化，他给自己排好了戏剧，所以他要不断受苦、不断制造张力。

肖　骁 → 所以我们能不能这么理解：一个非常懂得自我保护、一个非常了解这个社会的生存法则、一个非常有计划的人，其实他是很难实现个人的浪漫的。

席　瑞 → 对，他在个体性能里面没有冲撞的维度，他能够把自己放在任何位置，任何原则都协调得很好。这种人他可以很成功，但是缺少了一点东西。我也是近两年开始工作之后意识到，我会有很多在意的东西，会开始将自己放到一些原则当中去，学习到一些人情世故，适应一些规则体系。

你也会失序，那是无意识的。在现代人当中最明显的一种表现就是喝酒，这个倒不是一个很庸俗的事情。有一个剧叫《酒鬼都市女人》。大家喝酒喝得太疯了，我看弹幕都是“这么喝不早点死吗？”但是我想说它展示了跟欧美剧不同的观念。欧美剧里的人就是要自毁，把自己搞得一无是处，人就是社会的边缘人，明明有体面的工作，有好的学历，有好的家人，就是不珍惜。

但东亚的剧就是一个人在晚上喝得烂醉，但是第二天还会继续上班。他没法打破秩序，喝酒的时候才感觉他自己活着。关于回忆、经验的碎片，独属于自己的时刻，以及女性之间的友谊，全是喝酒的时候召唤起来的。

肖　骁 → 这种自毁的浪漫一定是不对的，我们希望它们只存在于影视剧当中，绝对不是建议大家去追求这种自毁的浪漫，也不是鼓励大家每天喝酒，把自己的人生搞得一团糟。不要把这件事情包装成浪漫，只是我们在说浪漫另外一面就是像席瑞讲的，是危险的。

席　瑞 → 所以我就说，可能你不能理解这种，它就是生命不能承受之轻，所以它的疏解也只能是对于不能承受之轻的疏解。受困于生命不能承受不重的那种奇怪的人生，它会有重度的解法，或者它无解；困于生命不能承受之轻的人生只需要喝点酒。

我们刚才虽然批判了消费主义当中的浪漫，但如果一味地去追求浪漫很可能会造成悲剧。生活当中每一刻都是文学时刻的话，人是承受不住的。

肖　骁 → 我也不需要这样的人生，我需要烟火气。我觉得酒精和浪漫，有一个共性，不管是喝酒的过程当中，还是在感受到浪漫的过程当中，它们唯一的共性就是当下感官是会被放大的，情绪会蔓延。所以不是说喝酒是在追求浪漫，只是喝酒之后，不敢说的话我敢说了，不敢做的事我敢做了，这些东西在我在清醒的过程中做就是浪漫。

我其实在讨论离开酒精之后，我们的勇气去哪里了？为什么我们需要借助一些东西让自己的感官打开呢？有没有更健康的方式，让自己可以做一些自己平常不想做、不敢做的事情。

席　瑞 → 我现在能够想到的第二种打开感官的方式，就是在家里面种绿植和花。这是我近一年来非常热衷做的事情，家里面到处都是花，插桃花枝、樱花枝、雪柳枝、龙柳枝。这件事跟养猫狗还不太一样，猫猫狗狗每天跟你在一起，所以不是特别能够明显感受到变化。但植物是最明显的，黄了或者绿了，花开了或者败了，是能放大知觉的。

8. 浪漫最终还是要靠自我给予的

肖　骁 → 我发现席瑞是一个非常懂得制造浪漫和感受浪漫的人，那你会不会觉得我们之前对浪漫的认知非常狭隘，如果我们能达成共识，一个人也可以带给自己浪漫的话，是否意味着这个世界上能够自我赋予的东西变得越来越多了？

席　瑞 → 对，他人的确可以在某种情况下触动你。当然这也有深层和浅层，比如说送礼物是浅层，深层是拥抱，是眼神，是交流，是沟通。但我觉得浪漫最终还是要自我给予的，因为感官、感受和情绪都是自己的，关键在于自己能不能觉察。不然就会有很多人说自己不能独处，独处时会感觉无聊，这就是一个比较危险的倾向。

肖　骁 → 有一些情绪，有的时候是感动，有的时候是悲伤，但是有的时候就是浪漫。没有一种情绪是绝对单一的。

我在网上看到一个帖子，说有人在飞机失事的残骸中捡到了一封遗书。那封遗书说："亲爱的，非常感谢这一生有你的陪伴，你就当我即将去远行。"我看到起了一身鸡皮疙瘩，我会觉得这是一种决绝的浪漫。我如果收到这封遗书，我可能更放不下这个人，我会一辈子在心里给他留一个位置。

席　瑞 → 你这么一说提醒了我，浪漫还有一个方面就是遗憾。圆满了就不浪漫了，失去有时候就是一种浪漫。皆大欢喜不隽永，浪漫有危险的一面，在失去的当下你一定非常痛苦。但你回忆起来的时候，它就是浪漫的。

9.

总结

任何一个时间保持浪漫，就是保持一种非常向上、非常正面的态度。

我们今天聊的是浪漫，它像水一样，以很多种不同的形态存在于这个世界。有消极的，有积极的，有失序的，有自毁的，有热烈的，有平淡的，有个人的，有双方给予的……浪漫存在的方式特别多，但其实到最后，我觉得有一件事情，我跟席瑞是可以达成共识的。浪漫考验的不是你的创造力，浪漫考验的是我们每个人的感受力。

不要觉得早上有一个人帮你削了苹果不是浪漫，那也是专属于两个人生活的浪漫。这种对生活细节的感知能力，我们永远不要失去它。

我们必须要接受现实，但我觉得浪漫存在于我们生活中每一个非常糟糕的瞬间，提醒着我们，我们不仅仅是活着，我们同时也在生活。

我最后想告诉大家一件事情，千万不要去渴望别人给予自己浪漫，如果某个时刻没有得到自己想要的东西，也不要觉得自己的人生是糟糕的。一个人也可以制造浪漫，像席瑞在家里面种绿植，还是像我喝了酒会做一些自己平常不敢做的事，说一些自己平常不敢说的话。选择一种自己认可的表达浪漫的方式，就是最高意义的浪漫，这就是浪漫存在于这个世界最大的价值了。

BEGINNING

PART 2

姐的人生，易如反掌：30 岁女子图鉴

嘉宾
郑斯榕 + 李薇

嘉宾：郑斯榕

年龄 → 37 岁

男朋友的年龄 → 1996 年生

职业 → 投资，自媒体

工作经历 → 主持人，秘书

婚姻状况 → 离异，离婚带俩娃

结婚年纪和原因 → 25 岁，当时觉得前夫是靠谱的人，遇对了人

离异原因 → 感情出现问题

婚姻过程当中整体感受 → 快乐的

嘉宾：李薇

年龄 → 30 多岁，奔四

男朋友的年龄 → 小八岁

职业 → 服装设计师

工作经历 → 大二开始创业，做广播公司，品牌创立了九年，在时尚媒体做了八九年，时尚媒体资深人士，《女神新装》冠军，创立品牌——AWAYLEE

婚姻状况 → 离异，离婚带俩娃

结婚年纪 → 不到 30 岁

婚姻维持时间 → 十年

0. 序言

这次我们要跟大家聊的主题是“半熟的人生和芝士一样好吃吗？”我请来了我的两个好朋友，她们俩的生活经历和人生阅历都比较相似，都离过婚，两个人长得都很美，现在都谈了一个比自己小八岁的男朋友。

一个是我的大学同学，也是我最好的朋友之一，叫郑斯榕。还有一个，关注我的朋友应该对她也不陌生，她叫李薇，是一个很厉害、很知名的设计师。

我们看到很多影视作品，都在聚焦 30 岁年龄段人群的感受。

为什么找她们聊这个话题呢？一方面是因为她们都有一些波折的经历，另一方面是我从她们两个身上看到了一种重新启程的勇气。

1. 由内心出发，选择快乐

肖　骁 → “半熟”其实是一个非常漂亮的词，因为大家处在一个非常舒服的阶段，有了生活的阅历，还保留有一部分年轻时候的锐气，所以斯榕你现在半熟状态的快乐是什么？焦虑是什么？

郑斯榕 → 我现在的快乐在于我做什么事情，都是由内心出发，不像之前会考虑家庭和另一半……

肖　骁 → 羁绊稍微少一点，那会不会焦虑？

郑斯榕 → 会，比如，年龄焦虑，身材焦虑。

肖　骁 → 婚姻带给李薇的快乐是什么？不快乐是什么？两个人分开是因为什么？

李　薇 → 上一段婚姻带给我最大的“快乐”就是感受痛苦。我在痛苦当中去寻找快乐，最后觉得自己有很多的收获。我学会如何在一段非常痛苦、充满期待的关系当中，不断地失望和受挫。我们分开和在一起是同一个原因。我们在一起是因为我觉得他是一个结婚的理想对象，但当时彼此还没有深入了解过。我对自己很不负责任的一点是，当时我觉得可以婚后再去谈感情。

肖　骁 → 我没有想到你这个做服装设计、这么有浪漫情怀的人，竟然可以接受这么现实的婚姻。

李　薇 → 当时我对自己不够自信，对自己的认知不够，在对自己极其不负责任的情况下，有了这样的一个想法。

肖　骁 → 你觉得你现在的生活离你过去的预期近吗？

李　薇 → 现在真的活出了我想要的样子，我非常享受现在的状态。

肖　骁 → 现在半熟的状态跟十年前相比，你的快乐是什么？焦虑是什么？

李　薇 → 我的快乐来源于我真的发自内心地知道自己需要什么，我在感情方面更坦然了，焦虑更多来源于工作节奏很快。

2.

如此向往，如此热烈，如此认真地追求美好

肖　骁 → 为什么我们说三十多岁是半熟的人生呢？就好像半熟的芝士一样，它有很明确的烘焙时间。我理解的“半熟”可能是一个“刚刚好”的阶段，你们觉得“刚刚好”的阶段，是跟年龄有关系，还是跟我们所处的人生状态有关系？

郑斯榕 → 对于我来说半熟是一种人生状态，年龄并不能划分区间。有些人可能成熟得晚一点，遇到困境可能会再晚一点，心理状态是不一样的。我觉得我现在的状态刚刚好，就是半熟的人生。看待问题更加全面，更懂得将心比心。

肖　骁 → 李薇，你觉得什么是半熟？“刚刚好”的状态是什么样的状态？

李　薇 → 我觉得这个状态是特别可遇不可求的。在追求美好这件事情上，我一直都是一个半熟的状态。我小的时候反而是成熟的，长大了会纠结很多事，跟自己抗争，跟外界抗争。虽然最后沉淀下来一些答案，但这些是不是最终的答案又是未知的。

但是我对最终结果是如此的向往，如此的热烈，才会导致我如此认真、真切地去面对生活。

3. 我必须好起来

肖　骁 → 你们对“半熟”和“刚刚好”的理解都是在岁月的沉淀与累积之后。看似被磨平了一些棱角，但我觉得不是变得圆滑，而是对这个世界有更多的思考了。上一段失败的婚姻有为你们带来反思吗？有没有一个瞬间觉得自己长大了，看待问题不一样了？

郑斯榕 → 那个瞬间真的是有，而且是有很多次。因为对女性来讲，婚姻是非常重要的一件事情，是人生很重要的课题，和另一半分开实在是没有办法才会做的选择，尤其是对有了孩子的妈妈来说。

李　薇 → 我特别想分享一些故事，经历了那些事后，让我知道现在的生活多么值得珍惜。有一次我出差，那是一个在郊区的展览，结束后天黑了，车也没有了，我当时打了一辆黑车，其实非常危险。当时我的手机只剩下四格电了，而且黑车走了一条非常陌生的路。我想给某个人打电话报备一下我现在的状况，我的脑子里闪现过我前夫，但是下一秒就放弃了。因为我大概能想到，我在他那里没有办法获得像朋友一样的关照，或者像同事一样的关照，这是我成长的一个瞬间。

为什么我们要生两个孩子，为什么我们那么努力去经营工作，因为我们希望有一个幸福美满的家庭，努力实现人生价值。我主动提出分开的想法，是非常纠结的。我当时每天莫名其妙会哭。

后来我从非常感性的情绪到自己理性地面对现实，因为我意识到，如果我的状态不好的话，我的孩子状态会更不好。我必须好起来才能够给孩子一个健康的妈妈。这一点甚至比我有一个很好的伴侣跟我共同抚育儿子更重要。因为妈妈的状态太影响孩子的状态了。

郑斯榕 → 不知道你有没有同样的感受，我在婚姻末期的时候，觉得自己像个演员。在孩子面前是一种类型的演员，在父母面前又是另外一种演员，在朋友面前又是一种。我记得当时很多人都说：“哇，你这是人生赢家了。”

但我面对自己的时候，照镜子会哭。我就觉得我为什么要这样演下去呢？

4. 不快乐了，就要勇敢解脱

肖 骁 → 你们从谷底的状态里解脱出来了，后面的人生是快乐的，有后悔的瞬间吗？

李 薇 → 我不是后悔，而是会检讨自己在这段痛苦的婚姻中有没有给我前夫更多的支持，思考我要不要去储备支持另一半的能力。我一直都在反思这件事情。而且我特别想补充一点，离婚并不代表着孩子就不幸福了。

肖 骁 → 这个我非常认可。

李 薇 → 一定能找到方式去解决离婚带给孩子的影响，而且方法有很多。

郑斯榕 → 现在的孩子跟我们小时候的状态是完全不一样的，我们那个时代觉得家庭完整就是幸福，但是现在的孩子快乐的出口还是挺多的。

肖　骁 → 就好像我们坐飞机，如果旅途中遇到什么危险，先给自己戴好安全口罩，然后再帮别人。只有自己在健康的、舒服的、没有委屈感的状态下，才能够传递给孩子正向的能量。要告诉你的孩子到底发生了什么事情，你在一段婚姻关系中不快乐了可以选择勇敢地解脱。

李　薇 → 我们把自己的人生经历跟孩子分享，在每一件事情上面剖析自己的思想过程，也是跟他共同成长的一个过程。

5. 当你有了很强烈的一个意念的时候，你的能量是无限大的

肖　骁 → 你们俩在事业方面都有过高光时刻，李薇的设计品牌尽人皆知，榕儿也在浙江卫视做过主持人。虽然职业路径不同，但是你们都做过一个共同的职业就是妈妈。你们觉得婚姻和小孩会是事业的阻碍吗？有没有想过要为了婚姻或者孩子，放弃自己的事业？婚姻对你们的事业来说到底是助力还是阻力？

李　薇 → 这个问题我从来没有考虑过，从来没有纠结过。因为我一直以来都在思考，人活着的意义是什么？我该怎么去活着？我很确定我的目标，这个目标非常核心的一点就是我的事业，我的目标非常明确。它是很独立的一个东西，没有什么会阻碍它。

郑斯榕 → 我完全不一样，我有了孩子之后就没有再做主持人了。做主持人算得上是我人生的梦想，也算是实现了的，只是没有一直走下去。我那时候做一个日播的访谈节目，要录两期，不包括化妆，不包括备稿，每天在录影棚待的时间要五个小时以上，完全没有时间照顾孩子。但离开后我也不后悔，我把我的女儿和儿子培养成现在这个状态就是我想要的。

李　薇 → 这方面我特别有体会。我怀老二的时候，大着肚子，经常加班到凌晨两三点钟，回家的时候，保安会问我是什么职业。他很好奇，一个孕妇，为什么每天早出晚归？我生了老二第四天就开始工作了，没有坐月子，我也不觉得累。当你有了很强烈的意念的时候，你的能量是无限大的。

6. 原来外面的世界这么精彩

肖　骁 → 你们在半熟阶段，有什么技能或者能力是十年前没有的？

李　薇 → 我小的时候给自己设了特别多条条框框。

肖　骁 → 我觉得你越活越少年，你的叛逆期跟我们不一样，我们在更年期上狂奔，你在往叛逆期上狂奔。

李　薇 → 我以前会有很热烈的情绪，有追逐的目标。但是以前懂得的道理、追求的真理，一直都是飘忽不定的，需要不断去试错，去体验感受过程。经历过这么多世俗观念和经历带来的撞击之后，更知道自己要什么了，这是最珍贵的。我现在考虑所有事情的出发点，不是外在的条条框框，是更发自内心的、人性的、灵魂的，甚至是宇宙给我的链接。

郑斯榕 → 我在这个阶段拥有的能力是，可以自己去寻找一个出口，这就是一个自我提升了。因为以前我找不到，我困在一个圆圈里面，当我真正跨出去的时候，我才知道原来外面的世界这么精彩。

7. 相信自己能够获得爱情，跟年龄没有关系

李　薇 → 我从小就很有小女生情节，非常憧憬爱情，哪怕我离了婚或者在婚姻当中痛苦的时候，也从来没有放弃过对爱情的向往，我从来不觉得我不配有什么样的东西。我展现出来的是一个相对单纯的、很纯粹的状态。遇到我男朋友的时候，我觉得他很吸引我，他的气质样貌方面不能说是我的菜，但他真的打动到我了。在深入了解的过程当中，他就更加吸引我了。原来有这么理想的一个人存在，我感受到他的才华，感受到他的善良。我觉得我太幸运了，老天对我也太眷顾了吧，能够遇到这么好的一个人。

肖　骁 → 你遇到爱情了姐妹，你陷进去了！

李　薇 → 而且我们都感受到两个人被对方点燃了。

肖　骁 → 对方在我们跟二十岁时谈恋爱的状态不一样。以前特别喜欢管着别人，现在特别喜欢给彼此空间。

郑斯榕 → 是，我有的时候会给自己安排一些事情，给彼此放几天假。

李　薇 → 我没有特别去考虑安排这些事情，一切都顺其自然，特别舒服，我们还会像小时候谈恋爱那样，一起去淋雨。我会感慨怎么命运会给我安排一个这么好的人。因为我的职业让我理想化，他比我更理想化，更懂得什么是爱。虽然他没有经历那么多，但有些人爱的能力是与生俱来的，就是让人感觉到美好。

郑斯榕 → 我跟李薇在聊到爱情的时候，眼睛里有星星。我们还是保持着女孩的状态，我觉得好好啊。

肖　骁 → 这句话让我想起一件事情，不管是在恋爱关系还是婚姻关系当中，很多事情不是“我不愿意做”，而是“我不愿意跟你做”。

李　薇 → 要相信有爱情这件事情，而且要相信自己能够获得爱情。这跟年龄没有任何关系。

8.
恋爱中
也要有独立的人格和思考

肖　骁 → 我能够看到这两个好朋友的状态是非常舒服的，充满粉红色。这种半熟状态相较于年轻的朋友，硬实力是什么？最有竞争力的部分在哪里？我还是相信每个年龄段或者人生的每个阶段是有不同的魅力的。

李　薇 → 我不太知道，但我有一个比较深刻的体会是现在我有很独立的人格，可以独立思考。

郑斯榕 → 你给我的印象是睿智和纯真相结合。

因为我男朋友年纪相对来说比较小一点，所以很多人觉得是我在照顾他，但是他还是迁就我多一点，我有点太散漫了。真正会遇到一些事情的时候，比如，工作方面、事业方面，我会给他一些我这个年龄段的见解。在谈恋爱的过程当中，我还是保持一种天真的状态，不会在恋爱当中保持姐姐的主导状态，该小女生的时候我还是小女生。

肖　骁 → 说到魅力这件事情，我觉得李薇其实重点讲的是她形成了自己独立的人格和价值观；斯榕就是保有小女孩的天真。我觉得这个就是魅力，就是对我们当下状态最好的解读。你们会有年龄焦虑吗？最焦虑的是什么？

郑斯榕 → 最焦虑的应该就是数字，你刚刚问我年龄的时候，我真的以为自己才三十二岁。

李　薇 → 我在三十岁的时候特别焦虑，当时觉得我已经不是一个那么生机勃勃的人了。但是后来发生的事情，给了我一些引导。我就做我这个年龄段该做的事情，同时保持童真的底色。年龄是一个我们不得不去面对的事情。可能我的精力不如以前，那我就接受它，睡觉舒服就多睡觉，运动舒服就多运动，不和自己对抗。我四十岁要达到二十五岁的状态是不可能的，那我就接受它。自己舒服了状态才会好。

肖　骁 → 有一些焦虑我们解决不了，那就接受它，你没有办法改变，那你就跟它共存吧。谁不是这样的？

9. 大胆地去做自己

肖　骁 → 你们有没有什么经验想和三十多岁还没有进入婚姻的朋友们分享？

李　薇 → 我觉得一定要想清楚自己要什么，可能我比较晚熟，我结婚的时候不太清楚自己要什么。但无论是成功的还是失败的经历，经历了痛苦还是快乐，最后都会变成收获。所以大胆地去做自己，很多时候我们被传统观念束缚，会背负很多压力，或者是给婚姻或者感情附加很多条件。其实自己真正想要什么只有自己清楚，把外面的声音都关掉，挖掘自己心里面真正想要的东西，为了不会后悔，当下会更有动力。

郑斯榕 → 现在很多人是不是对婚姻的理解有点偏激？追剧的时候，看弹幕有人说“又是恐婚的一天”。我想分享给大家的是，我现在之所以跟我前夫保持着非常好的关系，是因为跟他在一起经历。我不觉得这是创伤，这是我人生当中非常宝贵、非常幸福、非常快乐、不可磨灭的时光。它也是促成我现在状态的一个非常重要的原因。如果我和他还在婚姻状态的话，我可能不会有这么好。但是我走出来了之后，我跟他建立了另外一种关系，才激发出来更好的化学反应。

肖　骁 → 其实我也面临着来自我妈妈的压力，她会催我结婚生孩子。但是我知道我是一个控制欲非常强的人，做我的小孩会特别不幸福，我不是放养型的家长，不会让孩子自由选择。我一定把他的生活安排得明明白白的，所以做我的小孩会非常心累。我渴望爱情，但是我对婚姻和小孩这件事情，真的看得非常开。

李　薇 → 我觉得人一定要为自己活。

肖　骁 → 是，我现在就是这个心态，以后一定有人问我会不会后悔，我现在可以告诉大家，我绝对会后悔。

等到你们的小朋友十七八岁的时候，长成一棵大树的时候，能够成为你们肩膀的时候，当你们老了可以含饴弄孙的时候，我一定会超级羡慕。

但我换个角度思考，在你们带小朋友，你们埋着头付出，做妈妈很辛苦的时候，我也在年轻的时候享受到了自己最好的岁月。我在干什么？我在到处旅游，我到处在玩。我觉得这个世界对每个人都非常公平。

为了我老的时候看到你们的生活状态不后悔，我才要尽可能地过好我当下的人生，让我当下的选择变得值得。这对我来说是一种激励。

不管是面对婚姻还是养育小孩，你要清楚到底是在为谁做这件事。

10. 梦想、爱和热情，是支撑我活着的力量

肖　骁 → 我们常说要对自己负责，所谓的对自己负责具体体现在哪方面？我先说自己，我要实现一定程度的财务自由。

李　薇 → 这个是基础。

肖　骁 → 对你们来说是基础，但是对我来说是最重要的事情。这牵扯到我以后养老的问题，因为没有人能够帮我分担，我的家庭也是非常普通的家庭，我不能只靠我的父母就可以衣食无忧。金钱会让我焦虑，当然也是会让我快乐的一件事物，财务自由对我来说最好的保障。

我们所谓的对自己负责，一个最强大的后盾是什么？

郑斯榕 → 情感。这些情感的力量不仅仅来源于恋人，还有我跟我女儿、儿子的关系，还有跟我爸妈。我要在情感中相互汲取能量。

李　薇 → 我考虑问题有一些不一样的角度，我不会为了金钱去追求金钱。我想明白我活着的三大主题，一个是我的梦想。这个是支撑我活下去的意义，我要成为怎样的人？我要为世界提供什么样的价值？

第二个就是爱。这是学习的一个过程，也是面对这个世界的核心和主题。爱很宽泛，爱情、亲情、友情，甚至是对万事万物的热爱，这是我一直在学习的，我深深为它着迷。

还有一个就是热情。我觉得这是根本，我不想碌碌无为地活着，我不想没有情绪、呆板地活着。我想我做的事情就是我特别喜欢的，我很幸运地去拥有它，感受它，创造它。

郑斯榕 → 我觉得前两点是你的原料，最后一点是你的催化剂。

李　薇 → 我特别难说职业发展到哪一步，钱赚到多少我才能够有安全感，我很难有这样的思维模式。我可能天生对这些东西的不敏感。

肖　骁 → 我非常喜欢李薇说的，不要为了赚钱而去赚钱。我是为了钱去赚钱吗？不是，我是为了给自己寻找一种安全感，我不是只要精神独立了，财务独不独立无所谓的人。我是一个需要物质支撑的人，我不否认我是一个非常追求物质的人。

11. 明天比今天更爱你

肖　骁 → 你们从上一段婚姻出来之后，现在的择偶标准跟当初选择老公的标准相比有发生强烈的变化吗？李薇说爱情就是怦然心动的感觉。

李　薇 → 那是一个基础和前提，如果没有爱，那后续都太困难了。

郑斯榕 → 我就完全不一样了，我跟我前夫刚开始的时候爱得很深。我发现现在我的伴侣是（我用“伴侣”这个词了！）：他今天比昨天更爱我，明天可能会比今天更爱我，他会越走越深。而不是像前夫那样，刚开始的爱像烟花一样绚烂，但是维系的时间不太久。我更希望经过时间的沉淀，爱会越来越多。

肖　骁 → 二位从之前的婚姻里面走出来的时候，肯定会有一个非常迷茫的阶段，你们有没有好的方法论，建议大家如何开展一段新的感情？

李　薇 → 我觉得一切的渠道、方法都可以试试，就别有太多定义。很多人在用一些交友软件，它只是一个渠道而已，不能对它有太多的定义，觉得不靠谱或者怎么样。因为我们的工作可能接触的圈子比较窄，所以可以试试其他一些方法。

肖　骁 → 不要放弃任何一种社交手段，勇敢地去社交。

郑斯榕 → 其实我想跟大家分享一个前提，就是你不能够把自己先禁锢起来。你不能觉得需要找一个人共同走下去了，才开始做这件事情。比如，我不会因为我离异带俩娃就质疑自己的魅力所在。你也不能说我想要找一个什么样的人就只接触这样的人。那你就没有跟别人产生化学反应的机会了，因为你也不知道，跟你理想的人在一起之后，产生的化学反应是不是你想要的。

12. 总结

我们绝对不是鼓励大家离婚，我是觉得在半熟的状态下，我们会经历很多事，比如说职场上的挫折，和父母的离别呀，等等。对半熟人士来说，在岁月长河中，这些事会变得微不足道。

我们现在的年龄段是半熟，是一个最舒服，最刚刚好的阶段。但哪个年龄不是呢？哪个年龄不是刚刚好的阶段呢？二十岁也是一个刚刚好的阶段。我觉得任何人的状态不能够因为婚姻，不能因为年龄，不能因为家庭设限。人不要给自己太多的束缚。所谓的社会束缚，其实归根结底都是自己给自己的。

还有一个观点，想跟大家分享，很多人说凡事不用太追求完美，但我觉得那是自我选择的判断标准。你要不要追求完美，你要不要苛责自己，那都是你自己的选择，都说我们成年人的崩溃在一瞬间，但是我觉得我们成年人要具备一个能力，就是为我们所有的选择负责。

最后我想分享一句非常做作的话给大家，“花开半夏，酒要半醉，人要半熟”。这和年龄无关。对于我来说半梦半醒、半醉半醒，那种迷离的状态，是我最喜欢的。我不会告诉大家要难得糊涂，但是我也不觉得人生每一个阶段都要绝对清醒。

半熟的人生和吃半熟芝士一样好吃吗？还是半熟的人生会和芝士一样，得到的只有发胖而已？这要大家自己去体会。

BEGINNING

PART 3

对付绿茶当然是……以茶制茶

嘉宾

飞飞 + 珍珍

↙ **嘉宾：飞飞**

年龄 → 49 岁

职业 → 音乐人

现在有女朋友吗 → ……对外没有（肖骁：“人渣”！有没有女朋友不是第一秒钟就可以回答的问题吗？）

身边的异性朋友和同性朋友哪种多 → 异性朋友不多

嘉宾：珍珍

年龄 → 27 岁

职业 → 学生

现在有男朋友吗 → 没有

身边的异性朋友和同性朋友哪种多 → 我几乎没有什么真正意义上的同性朋友，可能一只手能数得过来吧

MIX AND HIS GOOD FRIENI

0. 序言

这一期我们要聊的是“不要动我的饼干”。我请来我的两个好朋友，一个是珍珍，还有一个是飞飞。

珍　珍 → 大家叫我珍珍就好。

肖　骁 → 你就大大方方说“我叫珍珍”就好了。飞飞，其实大家都很熟悉了。

飞　飞 → 大家好，我跟肖骁是前同事，我是飞飞。

1.

做自己舒服的样子，就没有什么值得被诟病的

肖　骁 → 先定义一下我们理解的所谓“绿茶行为”。比如，在一些社交场合，她跟女生相处是一个模式。她可以不用那么漂亮，她会比较含蓄，比较害羞，但是她就是有一股别别扭扭的劲儿，矫情的劲儿。就这么定义吧。

在这儿我其实想跟大家厘清一个概念，我觉得有些行为不是绿茶，就是人品有问题。比如，半夜给别人的男朋友发微信，还有，说一些似是而非的话，“我不知道我这么做影响了你们的感情，我不是故意的……”我觉得这可能都是人品有问题。

我们还是把“绿茶”的定义限定在一些行为规范上，而不是人品上。所以我们就不能带那个字了，“绿茶”后面接的那个字。虽然是在聊“绿茶”，但其实更想澄清一些大众对“绿茶”的误解。

另外我觉得有一种人不能算“绿茶”。很多人一概而论地说“绿茶”要破坏别人家庭关系，或者破坏人家恋爱关系，第三者跟“绿茶”还是要区分开的。

珍　珍 → 我觉得那种是“绿茶手表”。

飞　飞 → 那种人可能是用自己的性别差异获得更多的东西，或者同时跟很多人保持一种暧昧的关系。

肖　骁 → 嗯，那你们觉得“绿茶”只有女生吗？还是男生也有“绿茶”？

珍　珍 → 现在很多男绿茶呀。

肖　骁 → 有遇到过比较“绿茶”的异性吗？

珍　珍 → 有时候“绿茶”是不需要说话的，他可能坐在这儿，我就会觉得这人是“绿茶”了。

肖　骁 → 飞飞应该见识过形形色色的女生。我想问，你讨厌绿茶吗？

飞　飞 → 如果是我们定义的“绿茶”，我觉得那是人家真的在你身上花了心思，她想让你喜欢她，或者说想让你注意到她。

肖　骁 → 我先跟我们所有的朋友说一声啊，虽然我们在这里讨论“绿茶”，但是我们不觉得“绿茶”是贬义词。因为我觉得每个女生有她自己的样子，舒服地做自己，就没有什么可被诟病的。

你觉得有男“绿茶”吗？

飞　飞 → 男的可以对应一个词叫“海王”。为什么好多人会喜欢海王，不喜欢普通直男？因为“海王”细心，女孩子就会被吸引。

钢铁直男说话不温柔，不懂女孩的心思，直男如果追一个人就不如海王追一个人容易。

2. 不要动我的饼干

肖　骁 → 珍珍身边的异性朋友和同性朋友哪种多一点？

珍　珍 → 我几乎没有什么真正意义上的同性朋友，一只手能数得过来。

肖　骁 → 可以理解成你在女生圈里，人缘没有那么好？还是你就不喜欢跟女孩玩？

珍　珍 → 我也没有到不喜欢的程度，如果能跟我深交的，一定是跟我性格比较相像的女生。

飞　飞 → 假如你的姐妹是年轻的张曼玉那种颜值，你会担心约会时带这种姐妹出来会影响你和暧昧对象谈恋爱吗？

珍　珍 → 我从来不担心。对我感兴趣的男的，如果因为我带了别的女生，他就移情别恋的话，那我对他也不会有太大的兴趣。如果他很轻易地就“换台”的话，我觉得那就……拜拜。

肖　骁 → 拜拜就拜拜了，你觉得自己是“绿茶”吗？

珍　珍 → 我觉得我是有AB面的，如果“绿茶”是我们刚刚定义的那种，那我就是“绿茶”。

肖　骁 → 我很了解你，我们俩是很好的朋友，你在男生面前可能会比较矫情，比较做作一点。但在和熟悉的朋友相处时，你是一个非常爽朗的女孩，你会觉得“绿茶行为”作为一种社交手段是不应该被攻击的吗？

珍　珍 → 我的观点是，我和人接触交流在一开始会含蓄一点，矜持一点，让你觉得我可能没那么好靠近。当你真的跟我熟的时候，我会变得很健谈，跟你很聊得来，然后我们两个感情会迅速升温，我觉得这是一件好事儿。如果女生一开始豪爽，之后很矜持，反而没有那种收放自如的感觉。我只跟对我有意思的人“茶”一下。我不会对每个人都“茶”。

肖　骁 → 时间成本很重要，你会“因人制宜”。

珍　珍 → 对，而且我对朋友就是很直接的，我没有必要拐这个弯儿。

肖　骁 → 你们觉得大家对"绿茶"的恶意主要来自哪里？先讲一下我自己的感觉，我觉得很多人对绿茶的恶意来自绿茶通过一些四两拨千斤的手段得到了一些别人非常努力却没有得到的东西。

珍　珍 → 很简单的一句话就可以表达对"绿茶"的讨厌，"不要动我的饼干"。就是不要动我的利益。

3. 人人皆可"绿茶"

肖　骁 → "绿茶"并不一定要非常漂亮，人人皆可"绿茶"。我觉得我们现在这个社会，男人有男人的招儿，女人有女人的招儿，这方面在我看来是男女平等的。女生明明可以用一些个人特质或手段，使事情简化的，我觉得这不是对女生的不尊重，更不是女生的不自重。这个东西不需要定义，但是你们会不会觉得"绿茶"之所以被叫"绿茶"，是因为她们太懂得如何释放个人魅力去达到自己的目的了？

珍　珍 → 我没有特别地思考过这件事儿。

肖　骁 → 珍珍，你会不会觉得做“绿茶”在一段感情关系当中比较不容易受到伤害？因为“绿茶”时刻，和人保持着距离感。

珍　珍 → 对我来说不会，因为当我真正跟某个男生走到一起，我就不是所谓的绿茶了，我没有招数对他了。

肖　骁 → 你们会不会觉得“绿茶”的底色至少是自信的，不管是外形，还是家庭条件，或者是谈吐修养，等等，“绿茶”会觉得有资格这样的。还是说你们会觉得有一些“绿茶”不知道怎么表达，她比较自卑。如果我是一个很自卑的人，我也不知道要怎么跟人社交，别人问“你喝不喝酒”，我也会说“不好意思，我不喝”，你们觉得“绿茶”是哪种心态？

珍　珍 → 我恰巧就处于你说的这两种情况中间。我不是一个社牛的人，我也不是很有自信。但是，我也没有很自卑。我是需要外在的这种所谓的高冷来武装自己，让别人觉得这个女孩儿没那么好接近。

4. 被讨厌是勋章

肖　骁 → 有人说“被讨厌是勋章”，当你不自觉地吸引很多周围人嫉妒的眼光时，你会把它当作荣誉吗。你们会不会觉得，适当地被人用嫉妒的眼光讨厌着，其实是一种勋章？

飞　飞 → 如果能自洽的话，这是一种能力。

肖　骁 → 同事们都在问这个话题的意义到底是什么。我的出发点非常简单，因为我身边有很多被别人认为是“绿茶”的女生朋友，但我非常知道她们的B面是什么样子的。她们对待男生的态度，是她们百转千回的柔肠，是一种手段。我觉得这无伤大雅，谁没有一个招儿呢？每个人可能都有你看不到的一方面，她的“绿茶”行为伤害到你，仅仅是因为她对你不在意，没有必要去保护你的感受。我们可不可以把绿茶行为理解成是情商高的表现？她的高情商可能用在了她想要用的人身上，她一定会得罪一些人，或者是触犯到一些人。

飞　飞 → 在某种意义上是。

肖　骁 → 飞飞，如果我们今天想帮像珍珍这样的女孩说句话，你觉得我们要怎么帮她们说这句话？

飞　飞 → 我觉得一个女孩儿如果在社交上更花心思，这不是罪，只能说是一部分人的生活方式。

5. “绿茶”是高情商的表现

肖　骁 → 我们聊到最后发现“绿茶”对我们来说已经不是贬义词了，或者至少我们三个人中没有人觉得它是一个非常负面的词了。因为在我们看来，可能“绿茶”行为是一种在社交场合比较高情商的表现，可以非常巧妙地化解一些尴尬。如果今后在社交场合遇到“绿茶”，我们的态度会是怎么样的？飞飞你现在设想一下，比如今天晚上咱们遇到一个“绿茶”女孩儿，她被人刁难了，你当下会不会帮她说句话？

飞　飞 → 我觉得分情况，比如说有些女孩的度掌握得很好，我是会帮的，但如果说她已经过分了，我可能就觉得她活该。

肖　骁 → 那珍珍呢？到目前为止你觉得所谓"绿茶"的处世哲学都是有用的？无论是面对感情、社交的，你以后会一直这么做吗？

珍　珍 → 我没有刻意为之，我会保持我现在的状态。

6. 总结

最后想跟大家讲一个自己的观点，每个人都有自己生存的手段，可能有的时候我们需要靠成为别人的兄弟、姐妹这种非常仗义的姿态出现，让别人喜欢我们、接受我们；有的时候可能我们就是会"绿茶"一点，以此表达我们的情绪，跟别人保持距离感。"你有张良计，我有过墙梯。"谁都别破谁的招儿，我觉得这个是我们保持体面的一种方式。所以在这里，我其实想呼吁一件事情，你会在各个场合遇到你不喜欢的人，但不要轻易地给她贴标签，说她就是这样的人。虽然我们很难用这么短的篇幅把“绿茶”去污名化，但是大家要慢慢接受，你会有你不喜欢的人，会有讨厌的人，这是非常正常的事情。但是那只是别人生存的手段，就好像你说我非常仗义，我跟每个人都推杯换盏，一视同仁，这不就是我的手段吗？

“绿茶”和“仗义”“耿直”谁高谁低呢？大家社交的手段不同而已。所以我觉得绿茶不需要被同情，因为她本来就没有做错，她也不应该是弱势群体，我觉得尤其是女孩子要稍微“绿茶”一点，这里我说的“绿茶”不是矫情，而是在一些场合适当地给别人一些距离感，这是非常好的保护自己的手段。

我很开心能和两位朋友聊这个话题。这个话题看似很敏感，其实聊开了也没多大事儿，作为“绿茶”，不管被讨厌是不是你的勋章。万人迷就是万人迷，有多少人喜欢你就会有多少人讨厌你，千万不要因为被讨厌而否定自己的价值和处世哲学。

BEGINNING

PART

4

小孩子才做选择，所以做选择的永远不是我

嘉宾

鸽子 + 段晓薇

↙ 嘉宾：鸽子

年龄 → 29 岁

职业 → 演员

从业多久了 → 七年

入行的时候想做什么 → 刚开始入行就是为了做演员

目前你在做着自己想做的事吗 → 对，目前还是

嘉宾：段晓薇

年龄 → 29 岁

职业 → 艺人，在努力想往演员方面发展

从业多久了 → 七年

目前你在做着自己想做的事吗 → 是

0. 序言

这次我们要谈的话题是“从女团到女演员，做选择的永远不是我”。我请来两个以前过做女团或者是女演员的朋友，我们要聊的重点是“做选择”这件事情。我们看似在选择自己的职业路径，殊不知我们永远在被挑选。大厂裁员的热搜词条，让本该躺平的朋友更早地感受到了职场生存的焦虑和恐惧。随后很多话题开始被讨论，如果大部分的人三十五岁都会面临被裁员或者被淘汰，那么深耕一个领域的意义到底是什么？我们坚持的到底是所谓的梦想，还是仅仅为了自己的温饱在奔波？联想到我自己，我们的行业具备一些特殊的属性。今天，我就找了两个跟我一同在这个行业浮浮沉沉的朋友。一个是我的亲妹妹鸽子，还有一个是我很早就认识的好朋友，叫段晓薇。

1. 想不焦虑是件很难的事

肖　骁 → 那我先问问鸽子，最近一次被选择、被淘汰是什么时候？

鸽　子 → 就前两天吧。因为我每天都在见摄制组，如果见不上的话，就等于被淘汰了。

肖　骁 → 每天都在被选择，每天都在被淘汰，眼泪要落下来了。面临自己被淘汰的困境，自己有解法吗？

鸽　子 → 其实不太有，除了提高业务能力就没有别的办法了，我们还是会被选择。

肖　骁 → 那晓薇呢，最近一次被选择、被淘汰是什么时候？

段晓薇 → 昨天，因为昨天我还在拍试戏片段。

鸽　子 → 我觉得我们都是这样的。

肖　骁 → 对，演员好像都会面临这样的生态。每天都在试戏和面试，可能跟其他的行业不太一样。这个行业有点磨人，大家不一定每天会接到 offer，但是确实会面临淘汰。晓薇面临被淘汰的困境有解法吗？

段晓薇 → 很坚定地说没有。因为演员就是一个被选择的工作，而且演员试不上戏是常态。

肖　骁 → 你们都是非常漂亮的女生。漂亮不仅仅是在演艺行业，在各个行业其实都是加分项，都是一种资本。但是漂亮带来的红利会因为年龄的增长而衰退，从而降低自己的行业竞争力。你们会有这样的焦虑吗？

段晓薇 → 我现在非常焦虑，尤其是做演员。"尤其"这个词其实不恰当，每行每业都非常焦虑。想不焦虑是一件很困难的事情，因为身边的人的想法都推着你往焦虑的方向发展。

肖　骁 → 我刚才强调了一件事情，你们都很漂亮。但是未来还有越来越多漂亮女孩出道，你们会因此觉得更加焦虑吗？

段晓薇 → 会呀。我会有两种反应，一种是很焦虑，一种非常自信，给自己打气。先是自我怀疑，怀疑之后觉得，我不能这样，我要向上、要努力、要承认自己，每个人都是特别的……所以经常是交错着的感受。

肖　骁 → 我们其实一直在被选择。我们的工作不是求职得来的，现在市场上的选择这么多，人家想用就用你。你们觉得自己身上有一些不可替代性，有被选择的价值吗？

段晓薇 → 如果我能找到这个特性，可能就不会有这么大的工作压力了。因为不可替代在我们圈子里太难得了。比如你的不可替代性，在节目里面，就很明显，最终可以让你成功。我还没有找到我的不可替代性，所以工作上就艰难，大部分的焦虑都来源于这里。

2.
努力就是最好的捷径

肖　骁 → 你们有想过要走捷径吗？比如，嫁一个条件比较好的人，或者比如说是接受一些公司。实在混不下去，坚持不了的时候，有没有想过："哎，算了，实在不行嫁人得了。"

鸽　子 → 我觉得找一个条件不错的老公也不容易。自身性格能不能跟对方走下去，如果对方条件太好，双方差距会很大。要维持一个比你优秀很多的人的关系，和要去试戏让导演喜欢你，其实都很难。

肖　骁 → 所以从来没有想过要走捷径？还是觉得没有所谓的捷径？

鸽　子 → 没有所谓的捷径。大家可能觉得见摄制组、工作，相对比较难一点，找一个优秀的另一半会简单一点，其实是同样的难，都不简单。

段晓薇 → 没有所谓的捷径。可能这个话大家都会觉得很鸡汤吧。但我觉得还是要自己努力。虽然我在做一些微不足道的事情，但是我觉得是有用的。对我们这样正在打拼的人来说，焦虑真的远远不如努力重要。世界上没有那么多捷径，努力就是最好的捷径。你能告诉我人生有什么捷径吗？虽然努力不是唯一的答案，但是努力一定有用。

肖　骁 → 你其实很通透了，人生没有什么所谓的捷径，可能不同的人选择了不同的路。但是别人背后的辛苦和付出，是其他人不太能看得到的。

3. 不被选择是人生的常态

肖　骁 → 命运在暗中都给每个人安排好了筹码，我们貌似选择了自己的工作，但其实一直都是处于被选择的状态。我想问一下，你们在被选择的过程当中，有没有发生过什么故事让你觉得自己的人生是失控的？

段晓薇 → 我觉得有时候不被选择的伤害不一定真的来自不被选择。有时候来自家人的期待或者是你那一刻对自我的否定。我会觉得哪里没有做好，确实不能胜任这个工作，进而觉得自己不行。不被选择是最恐怖的事情，别人没有选择你可能有很多原因，有可能你的业务能力不行或者是他有更好的选择。但此时内心对自己的否定和伤害是最大的。

肖　骁 → 当下最难过的不是别人说你不行，而是你告诉自己我不行。这种伤害可以愈合吗，现在放下了吗？

段晓薇 → 我会愈合。如果我没有被选择那一定是我可以做更多，是我还有不足的地方，要承认每个人都有缺点有优点，哪里做不好我可以学。人活到老学到老，这是我愈合的方式。我们要接受自己的好，也要接受自己的不足，这个世界上不需要那么完美的人，谁规定一定要做那么完美的人？要做那个被坚定选择的人？很多时候不被选择是常态，说明你还有进步的空间。

肖 骁 → 和你分享我的心态，有一季《奇葩说》的规则是要教练挑选队员的，我选择过别人，也拒绝过别人。后面又有一个工作，我没有被选择。但我的心态非常平和，因为在任何一个竞技的舞台，要讲的不是人情，而是实力。我没有选择那个人，不会觉得自己良心上有任何不安，我就是从实力的角度去判断，做出自己的抉择。所以在被选择和被忽视或者被淘汰这件事情上，大家的心态一定要放平。有的人会觉得命运掌握在自己的手中，后来发现其实自己什么都掌握不了，就会有一种失重感。有一句话说得很好，“你握紧拳头的时候，手里捏着的是你现在所拥有的；你放开的时候，你拥有了整个世界”。这是一句特别矫情的鸡汤，但这也是现实，对自己的过去“念念不忘”，你的人生未必“必有回响”。还不如放下，重新出发。拒绝你的人不会同情你，但是你可以对自己更好。

4.

人生的选择
有时来自瞬间的肯定

肖　骁 → 刚刚聊了非常多沮丧的瞬间，那么你们最有成就感的那一刻是什么时候？所做的人生的一些选择，坚持走下去的一些动力可能就来自某一个瞬间获得的肯定。

段晓薇 → 我有成就感的瞬间非常多，因为我觉得自己像安陵容，所以做很多事情时都是先抱着一个怀疑的态度去做的。做着做着发现，我好像可以做到，然后就获得了成就感。比如，上一个电视剧，拍打戏的时候，我有点怕高，但是去拍的时候发现自己可以做得很好。每个人的成长环境不一样，性格也会不同。我是有一层壳的，我特别害怕自己的情绪或反应让别人感觉到困扰，我不太说话，我安静一点，好像对大家都很好，所以就形成了这样的一个保护壳。现在在上表演课时，老师的授课也是在帮我拆壳的一个过程。

肖　骁 → 其实大家对演员的认知不太一样，我之前听到过关于一个好演员的标准。有一次我陪马老师走一个盛典的红毯，那一场有王千源老师。当时我就说，哇，好喜欢王千源老师。但是我很怕跟人家合照会给他造成困扰。于是找工作人员，说我们想和王千源老师合照，王千源老师特别害羞。当时我们觉得和这么厉害的男演员合影很开心。后来，我跟马老师讲，我说，“没想到王千源老师本人这么害羞啊。”他甚至害羞得让你觉得他好像是更晚出道的人，根本不是想象中的感觉。马老师当时说了一段话我觉得特别认可，他说，好演员的标准是什么？他的本我特别小，不会觉得自己有非常强烈的个性，他不会有很多的情绪卖点。他不会有这么明确的人物画像和人物标签。所以我觉得你的问题可能不是演技的问题。是你自己的人物标签、人物画像太明确了，你一直在强调自己是安陵容性格的人。

5. 真正的勇士是敢把书看完告诉自己仍然可以

肖　骁 → 我觉得每个人获得动力的方向和渠道不太一样，鸽子你获得动力的渠道是什么？

鸽　子 → 就是认同感。在赚钱和被人认同中做选择的话，我更想要别人肯定我。比如，我面试成功了，薪酬三万块钱其实是很少很少的，分到我这里所剩无几，但是被认同带来的满足感，足以抵消薪酬少的落差。

段晓薇 → 有一次坐公交车，刚下过雪，地上都是湿的。有辆车从我身边开过去，溅了我一身泥。旁边两个陌生人对我同情地笑了，当时我就特别开心。

肖　骁 → 这个我懂。在生活当中遇到小小的善意，就会感觉到非常温暖。

段晓薇 → 大家可以试着去做一下小小的对抗，做一些很小的事情，早起也好、按时吃早饭也好。做这些事情就可以打消一些焦虑。

肖　骁 → 挺好，希望看到你越来越好。

段晓薇 → 我会越来越好，哪怕被大家说不成功也好，说我不火也好。那些真的不重要。

肖　骁 → 我特别喜欢看到把欲望和野心写在脸上的年轻人。我觉得那个样子特别美，比如，在《奇葩说》上能够看到很多年轻人非常拼的样子。我觉得那个样子是特别美的……

段晓薇 → 我觉得每个人都有这一面。有的人可能放脸上，放哪儿都可以，只要你把它放在一个好的位置就好了。我觉得它一直在。没有人没有野心的，但是要跟它和平共处。

肖　骁 → 你知道一个人什么时候的状态是不好的吗？就是很喜欢聊鸡汤的时候，她这些鸡汤不是说给别人听的，是说给自己听的。

鸽　子 → 但我认识她四年，她四年里一开口就在跟我说鸡汤。她性格就这样，很相信这种美好的东西。

段晓薇 → 说到鸡汤，我小时候特别喜欢看余华的书，比如《活着》《兄弟》《许三观卖血记》。但是我长大之后，只要看一本书在讲述血淋淋的现实的时候，我“啪”一下就会把书合上了，我不看了。如果我认定了结果是这样，看清楚了那么多现实，我还敢踏出这一步吗？我觉得我不敢了。我觉得你们逻辑性都很强，我总是稀里糊涂的，但是我觉得我适合稀里糊涂的。

肖　骁 → 难得糊涂嘛。

段晓薇 → 我觉得今天开心，今天过得好就是好。

肖　骁 → 我想和你说，一个真正的勇士不是看到血淋淋的故事就把书合上逃避现实，而是敢把这本书看完，告诉自己我依然可以。

段晓薇 → 嗯，我现在正在努力成为这种勇士。

6.

总结

我觉得晓薇是一个非常乐观的人，她相信“有志者事竟成”。我们的对谈过程当中，虽然可能她不认可我的现实，有的时候我可能也在质疑她的理想化。但是我觉得大家没有必要活成同一种人，因为我们俩的人生轨迹是不一样的，我们人生对标的东西也是不一样的。可能晓薇想的是在努力的过程当中，个人价值的自我实现。对我来说则是要看到一些具体的成绩，然后才能够自我满足，我是成果论，但我不是唯成果论。

我不觉得我现实，我也不觉得她理想，我也不是觉得哪一条路是不对的。相反，其实我非常羡慕晓薇的这种心态，如果我要有这样的心态的话，会减少很多的焦虑，也会过得比较轻松。

想跟所有的朋友讲，我不喜欢跟别人说，“加油，人只要努力就一定会成功，梦想的花朵一定会开放……”因为我不需要负责你们的人生。我很怕这些“加油”绑架你们几十年。到了最后回头一看，那么多人对自己说过加油，可能记都记不住了。人生一地鸡毛，还是得自己去过。这辈子我们最重要的不是对其他任何一个人负责，而是对自己负责。

今天我们聊了很多关于选择、关于努力、关于梦想的话题。至于选择和努力对我来说哪个更重要？我觉得选择很重要。我觉得选择比较重要的原因，并不是觉得盲目地努力没有价值。我是觉得只有选择对了，才能够找到努力的方向。当你选择错一件事情，努力会让你陷入长时间的自我怀疑。每个人都是需要获得自我认同感的。

我非常开心能够看到每个人努力的样子，我也非常渴望能够看到每个朋友梦想开花的样子。但是我希望大家的努力都可以有地方使。这本书拒绝制造焦虑，但这个行业现状和社会环境使大家都很焦虑。我希望大家可以运用一点晓薇刚刚提供的方法论，每天突破自己一点点。活着的人都是幸存者，所以想做什么事情就赶紧去做吧，不要再等了。

第四辑

拒绝成功学PUA

↓

n+1 种真实生存样本

BEGINNING

PART 1

我连自己都搞不懂，更别说这个世界了

嘉宾
汪苏泷

↙ **嘉宾：汪苏泷**

年龄 → 35岁

工作 → 音乐人

MIX AND HIS GOOD FRIENI

0.
序言

大家可能会觉得我和汪苏泷应该没有交集。确实，我们俩在工作上好像交集比较少，但是我俩有一些私交。我必须讲汪苏泷是我在演艺圈为数不多的朋友。

1.
我坚持最久的一件事情是活着

肖　骁 → 为了这次聊天我很认真地连夜拜读了你一本书，我知道你是经常写歌，我都不知道你写过书。你曾经写过一本书叫《这个世界让我有一点不懂》。里面有一段话我觉得很浪漫。你用做音乐换来的钱买了一台空调，当时你考虑到底是放在卧室改善睡眠，还是放在书房提高工作质量。你最后选择了放在书房。

因为对你而言，音乐比睡眠重要，这句话是真心的吗？

汪苏泷 → 我是真心的，虽然当时我每天晚上睡觉都很热，每天晚上睡觉都被热醒。

肖　骁 → 你坚持得最久的一件事情是什么？

汪苏泷 → 我坚持最久的一件事情是活着，哈哈哈。

肖　骁 → 你有的时候说的一些话让我觉得很无厘头，但是你的回答又充满了智慧。

那你放弃得最快的一件事是什么？

汪苏泷 → 好多事情放弃得都挺快。

肖　骁 → 你放弃这件事情不需要理由，当下不喜欢就会立刻放弃，是吗？

汪苏泷 → 不是，就是因为做不好，我发现我无法做好的时候就放弃。

肖　骁 → 所以你只做自己擅长的事情，我可以这么理解吗？

汪苏泷 → 不可以。比如，我不擅长舞蹈但是一直在坚持，我练好多年舞了。

肖　骁 → 你怎么这么过分？MBTI 测试你测了吗？你是什么型？觉得准吗？

汪苏泷 → 因为我测了好几次结果都不一样，所以我觉得出现次数最多的一个结果应该就是了，我是 INFJ。

肖　骁 → 我是辩论家，测出来我吓一跳，我觉得还蛮准的。

汪苏泷 → 那不就是你吗？辩论之王。

肖　骁 → 我哪是辩论之王？《奇葩说》有多少辩论之王呢。结果刚出来的时候，我会觉得蛮准的。

你跟我做朋友是因为什么？

汪苏泷 → 因为大王啊，你不是跟大王很熟吗？

肖　骁 → 我自己身上没有一些标签或者闪光点吗？单纯因为大王你才愿意跟我做朋友？

汪苏泷 → 对呀，大王是我的好朋友，那她的朋友我也可以当作朋友。

肖　骁 → 但是我觉得你后来对我好不应该仅仅因为大王吧？

汪苏泷 → 对呀，因为老实讲我在这个圈子朋友不多。

2. 喜欢像普通人的人

肖　骁 → 我问你另外一个问题，看资料说你喜欢看《老友记》。我也很爱看《老友记》，我想问《老友记》里你最喜欢谁？

汪苏泷 → 《老友记》里面我最喜欢 Ross。

肖　骁 → 你喜欢 Ross 啊？

汪苏泷 → 你觉得不合理吗？

肖　骁 → 讲真的，六个人当中，我最不喜欢的是 Ross。

汪苏泷 → 为什么呢？

肖　骁 → 因为我觉得，Ross 有的时候有一点刻板，而且他跟 Rachel 分手的时候，我觉得没有 on a break。

汪苏泷 → 我觉得他很像我，或者说他最像普通人。

肖　骁 → 你喜欢那种像普通人的人。

汪苏泷 → 对，因为剧中的其他人要么很潇洒，要么很正常。

肖　骁 → 他跟 Rachel on a break 这件事情，你觉得 Ross 对还是 Rachel 对？我看你站谁。

汪苏泷 → 我觉得他俩各占一半吧。

肖　骁 → 你不要说这些有的没有的，必须选一个。

汪苏泷 → 他们俩我都很理解。

肖　骁 → 我就会直接告诉你我站 Rachel。

因为就这个事儿，我管他是不是 on a break，就是速度太快了。当天晚上 Ross 就去跟人家蹦迪，之后带了一个女生回家。没想到第二天早上 Rachel 主动找他和解。

汪苏泷 → 那站 Rachel。你在《老友记》最喜欢谁？

肖　骁 → 我喜欢 Phoebe。我喜欢不着调的人。

汪苏泷 → 她最“抓马”。

肖　骁 → Phoebe 多酷啊。

汪苏泷 → 她最酷。

3.
和好朋友的联系基本不会断

肖　骁 → 既然说到《老友记》，想问你关于友情的问题，你有具体的交友标准吗？不仅仅是你喜欢跟什么样的人做朋友，同时他们有哪点是让你坚决不会跟他一起玩的？

汪苏泷 → 三观不合。

肖　骁 → 你的三观具体是什么？

汪苏泷 → 比如，一个人很势利，我不能接受。一个人很现实，我也不能接受。

肖　骁 → 你在自己的书里面说“陪伴是最好的礼物”，你会觉得陪伴是最重要的东西吗？

汪苏泷 → 当然不是最重要的。比如，你身为人子，你得出去赚钱，让你父母过上最好的生活，这比你天天陪着他们好。

肖　骁 → 如果是朋友层面的话，你觉得有陪伴就可以了。

汪苏泷 → 不那么绝对，因为每个人需要的东西不一样，对吧！

肖　骁 → 根据我的观察，你的朋友跟你在一起时间都蛮长的，比如，大王。所以你相处时间最长的朋友相处了多长时间？和好朋友的关系你可以维持多久？

汪苏泷 → 基本上不会断。

肖　骁 → 我想问一下，我和大王同时掉进河里，你救谁？

汪苏泷 → 救大王，然后我跟你一起跳下去。

肖　骁 → 我们俩做访谈，你好歹也应该救我吧！

汪苏泷 → 那我跟大王跳下去，你救谁？

肖　骁 → 我算一下，我感觉我会救你。

汪苏泷 → 这种东西还能计算的吗？

肖　骁 → 我救你，我救你，当然了，因为我感觉你赚的比大王多，哈哈哈，下一个问题，你现在有新朋友吗？

汪苏泷 → 当然有。录常驻综艺节目，肯定会交到很好的朋友。

4. 我的情绪出口是写歌

肖　骁 → 你这几年综艺节目参加比较多，会不会担心因为自己幽默搞笑，会让大家忽略你是一个音乐人？

汪苏泷 → 所有东西都是双刃剑。很多人因为综艺认识我，所以去了解我的音乐。我希望大家去听我的音乐。如果我不想让观众觉得我很好笑只想让他们了解音乐，那就干脆别做综艺了。所以我一直不太抗拒综艺，我确实因为参加综艺节目挨骂。很多人觉得音乐人就应该每天在家里苦闷，写很愤怒的歌。

肖　骁 → 你有没有哪一首歌是希望被大家听到，但可能没有想象中那么火的？

汪苏泷 → 太多歌了，很多歌这样。现在发专辑也是这样的，会很难受。

肖　骁 → 你会觉得哪一首歌是需要有伯乐或者哪首歌是怀才不遇的？

汪苏泷 → 比如说，我有一首歌叫《全世界陪我失眠》，它是我很喜欢的一首歌。可是现在的歌或者专辑都很难火，必须得通过短视频传播才能火。所以也习惯了。

肖　骁 → 我们搜集了一些网上的评论，有人说你的歌和你的人毫不相干，各火各的。

汪苏泷 → 我觉得这样还挺好的，因为我其实是一个不太愿意在很多人面前说我自己故事的人，我自己的很多心事也不会和朋友说。如果大家觉得我是音乐里的样子，问我这首歌有什么故事，我会觉得非常羞愧。所以大家觉得我是幽默的，这种感觉我认为挺不错的。录节目的时候，遇到走心环节我会选择回避或者不讲话。因为我是一个想法比较悲观的人，有时候会觉得自己很负能量，所以我尽量不传递这些东西。

肖　骁 → 我们的工作性质决定我们在镜头面前没有办法传递负能量。你觉得永远传递正能量会很累吗？没有办法将自己疲惫的一面展现给观众。观众可能对这些事情也不感兴趣，你会觉得累吗？

汪苏泷 → 我不觉得累，因为我觉得这是我们的职责，每个人都会有自己的一些伤心的事情。我们的职责不就是让大家开心吗？我觉得我的情绪出口是歌，我会把不开心写进歌里。

5. 现在想要和自己和解

肖　骁 → 发生什么事会让你焦虑？

汪苏泷 → 没有特别的事。因为我是一个持续焦虑的人。

肖　骁 → 我可以理解成你是一个和危机感共生的人吗？

汪苏泷 → 我太有危机感了。

肖　骁 → 你已经三十多岁了，这件事情你的粉丝们都知道吗？

汪苏泷 → 他们太知道了。

肖　骁 → 三十岁之后，你会变得更迷惑或者会更清醒吗？哪些事情让你更迷惑，哪些事情让你更清醒？

汪苏泷 → 我觉得三十岁会加速我的焦虑，在到达三十岁那年我异常地焦虑。清醒的事主要是，之前如果我很多事情没有做好，我会觉得是自己不够努力或者能力不行，我会去拼。但现在想要和自己和解，虽然我不知道怎么和解，但是我会想自己尽力了，结果没有那么好，不能只责怪自己，因为这样会让自己很累。很多事情会受运气或者时代等因素影响，结果和很多因素都有关系。

肖　骁 → 你是一个心很大的人，会去看网络上的恶评吗？你能记得住对你来说最伤你的一句恶评吗？他当时说了什么你还有印象吗？还是说你看过就忘了，让它过去？

汪苏泷 → 最伤我的恶评现在都过去了，我现在甚至都不记得了。但是我会记得那个时刻，看到那条恶评的时刻是艰难的。

肖　骁 → 那个时刻是什么，可以聊吗？

汪苏泷 → 刚出道的时候一定会有人骂你。那时候我会很较真儿，为什么这个世界不讲理呢？但是后来觉得这是这个世界的规律，你要想被喜欢，就要先被讨厌。我现在能够用很好的心态看待这个事情了，虽然我认为这件事情还是不合理的，但是我还是只能承受它。

6.
我永远觉得自己不够好

肖　骁 → 你最有成就感的时刻是什么时候？可能是你的歌被认可或者是你赚到一笔钱让家人过上了更好的生活？

汪苏泷 → 我最有成就感的一次，是我上高中还是上大一的时候，我和我的同学出门逛街，第一次听到有商店放我的歌，我觉得帅呆了。

肖　骁 → 你好像说过一句话：“这个职业可以让你享受掌声，也可以让你感受疲惫，离去的人早早离去了，坚持的人还在拼搏着。尽管嘴上经常会骂骂咧咧，但身体始终很诚实。”你怎么会说出这么有深度的话？

汪苏泷 → 想不到吧？我觉得你应该是挺能跟我共情的一个人。

肖　骁 → 我可以跟你共情，但是你私下给我的感觉就是你不太把很多负面情绪当回事，所以我没有想到你是会有敏感的时刻的人。

汪苏泷 → 有人在的时候，我会习惯性地自我消化，因为谁要听你那些事情？

肖　骁 → 你很红很红的时候膨胀过吗？你有成为自己曾经最讨厌的那种人吗？被这个圈子打磨过吗？

汪苏泷 → 老实讲，我从来没有膨胀或者飘过。因为我就是焦虑型人，我永远觉得自己不够好。我有时候真想告诉自己我很厉害了，但是我不会相信。

肖　骁 → 你不工作的时候有没有一些什么别的爱好？那些让你觉得生活很美好的爱好，你有吗？

汪苏泷 → 我觉得和几个朋友一起喝点酒是很好的，最近不是很流行露营吗？我去参与了一次露营，觉得挺治愈的，有一种回归自然的感觉。

肖　骁 → 你会有创作枯竭的时候吗？觉得自己写不出来东西了，你会有这种阶段吗？

汪苏泷 → 我还真没有。

肖　骁 → 你随时都可以文思如泉涌吗？

汪苏泷 → 对，我现在写音乐感觉非常快乐。我今年要发的专辑是自己这么多专辑里面我最喜欢的。

肖　骁 → 你的每一张新专辑都会觉得是最好的吗？你现在写的这张专辑是你认为最好的专辑，那你下一张又会怎么觉得？

汪苏泷 → 最近两三年发的专辑我都非常喜欢。因为原来写歌要听公司的意见，没有那么强的主导权，所以写歌会有一些顾忌，但现在我写歌越来越开心。

肖　骁 → 你最喜欢自己的创作是哪一首歌？

汪苏泷 → 很难说，我觉得可能是《小星星》，很经典。

肖　骁 → 它到底是很经典还是点击量最高啊？

汪苏泷 → 经典，因为我的歌点击量都还可以。

肖　骁 → 哈哈哈，有没有一首歌可能很多人喜欢，但是你自己没那么满意？

汪苏泷 → 老实讲，原来的歌都有遗憾，但是我不会纠结遗憾，因为如果再有一次机会，我是会把歌的质量做得更好或者做到完美，但是它可能不会再那么受欢迎。很多时候还是要野蛮生长。

7. 我不怕见任何人

肖　骁 → 你有没有遇到过一些人，他们明明很有才华，值得比你拥有更好的东西，但是没有你得到的多，遇到他们你有什么样的感受？

汪苏泷 → 我也会遇到我很喜欢的音乐人，我觉得他的作品很好，但是没有被大家发现，我也会替他可惜。

肖　骁 → 你会不会觉得演艺圈比其他圈子更复杂？

汪苏泷 → 我没有这种感觉，我觉得每个圈子都会有好人和坏人。你和你喜欢的人相处就好了，因为我没有接触过那种复杂的人，所以我不觉得演艺圈复杂。

肖　骁 → 你会不会觉得自己偶像包袱变重了呢？

汪苏泷 → 我一直处在卸包袱的过程。因为我原来觉得，我的音乐是最重要的，大家必须得聊我的音乐，我也不搞笑。但是我现在被现实磨了磨，有的时候必须得讲点笑话，得录录综艺，大家才愿意去听我的歌，才更愿意了解我这个人。

肖　骁 → 现在的偶像或者歌手都很多才多艺，因为想要更多的可能性，希望被大家看见，你认为现在的艺人能把一件事做到极致重要，还是他每件事做得刚刚好但又很全能更重要？

汪苏泷 → 我会更喜欢一项技能满级的那种人，但是我们这个时代，可能需要大家更多才多艺一点。

肖　骁 → 泷泷哥哥我想问一个问题，如果有一天你的朋友做了一件事，导致你跟他老死不相往来了，你认为他是做了什么事，让你个性这么大大咧咧的人都觉得无法接受？你交朋友的底线是什么？

汪苏泷 → 我的底线很高。我给我自己一个标准是“我不怕见任何人”。

肖　骁 → “不怕见任何人”是什么意思？

汪苏泷 → 我觉得我对得起自己，我不要对不起我的朋友，所以我可以见任何人。

肖　骁 → 所以你不红谁红呢？有必要回答得这么滴水不漏吗？

汪苏泷 → 那肖骁老师示范一下，举一个例子。

肖　骁 → 我觉得我很难接受的一件事情就是我的朋友开始装了。还有一件事情我也不能接受，比如我把一件很私密的事告诉他，然后他转述给第三个人，这件事情我挺不能接受。

汪苏泷 → 那这个当然不行了。

8. 艺术的魅力在于不公平

肖　骁 → 泷泷哥哥，因为你现在也在做很多工作，做音乐人，综艺嘉宾……现在很流行的一个概念叫作“斜杠青年”。如果让你做斜杠青年，去探索之前未涉及的领域，你会不会有一些危机感？

汪苏泷 → 虽然我这个行业可能关注的人会多一点，做起事来会方便一点点，但是如果我不全身心投入，不亲力亲为地做是很难成功的。我必须全力投入。不然的话，不管是谁，如果没有用尽全力做事，都很难成功。我最近在看罗翔老师的视频，他说，“天分有的时候很重要，所有人都不要觉得努力就一定会收获更好的结果。如果你一直相信努力会有好结果，但努力之后没有收到好的结果，你就很容易进入一种虚无里面”。最好的心态一定是，我努力，但是我不一定能够成功，但是我还是要努力。

肖　骁 → 我问你最后一个问题了，你觉得创作这件事情，写歌这件事情天分重要还是努力重要？

汪苏泷 → 这也是我想说的。很多事情真的不是努力就可以了，因为很多东西是靠天分的，虽然天才他也是需要努力的，但艺术的魅力在于它的不公平。

肖　骁 → 你这句话说得很好。“艺术的魅力在于不公平。”这句话说得真好，好美啊这句话。这次交流我最大的收获是汪苏泷是一个有灵魂的人。

汪苏泷 → 谢谢你啊。

9. 总结

因为泷泷哥哥私下给我们的感觉太大大咧咧了，会让我们觉得他太懂得嬉笑怒骂了。这次交流的几句话会让我心里面小鹿乱撞了一下。

BEGINNING

PART

2

别拿任何标签教我做人

嘉宾

范湉湉

↙ **嘉宾：范湉湉**

心理年龄 → 32 岁

视觉年龄 → 35 岁

职业 → 演员

MIX AND HIS GOOD FRIENI

0. 序言

肖　骁 → 这次我想跟湉湉聊一下关于独立女性的话题，因为湉湉也算是独立女性，是一个非常强调女性力量的人。

范湉湉 → 独立女性是谁给谁的定义？我们现在没有人可以给出一个标准的定义。而且我觉得任何一个人、一件事情只要给了定义，它就串味儿了，它就改变它原来的味道了。

肖　骁 → 我觉得湉湉说的是对的，很多事情一旦被定义，就变了味道。现在很多人被“独立女性”这四个字给绑架了。

我也不想当“独立男性”，也不希望受到别人任何语言或者是道德上、情感上的绑架。很多时候我们是被迫对人生做出选择，我觉得湉湉是一个在做选择这件事情上非常勇敢的人。湉湉最早是在公司做职员，因为参加了《奇葩说》，之后突然变成了综艺人，辩手，又在正当红的时候突然跑去做演员。不管是从独立女性的角度，还是从斜杠青年的角度，湉湉都可以给大家提供很多思考的方向。

1. 听到自己内心的声音

肖　骁 → 湉湉有没有形成独立人格的关键性事件？发生了这些事你觉得你开始独立了。

范湉湉 → 我一直没有认真地思考过所谓的“独立女性”，这词是这两年才应运而生的。在我小的时候，我现在的所有行为都被看作“叛逆”，因为我跟别人不一样，不知道哪一天开始“叛逆”变成了“独立女性”，我也不明白这是怎么形成的。小时候在幼儿园，老师规定小朋友一定要把手放在背后。我那个时候就会问：“为什么？”我很爱问为什么。我不明白为什么要把手放在后面，后来我就问老师：“你让我把手放在后面是因为你需要我思想集中吗？那我思想集中是为了什么，你希望我读书好吗，我现在读书不好吗？”老师说：“你把你爸妈叫来吧。”

肖　骁 → 你爸妈去了是什么态度？是帮着你说话还是让你听老师的话？

范湉湉 → 我爸妈不去，因为我每天都被老师叫家长，我父母需要每一天都去，他们才没空每天去呢，那就挑着时候去呗。

肖　骁 → 我跟你很像，我们小时候都是属于比较有反骨的人，都喜欢质疑“权威”。

范湉湉 → 因为我不明白这背后的逻辑，为什么一定要把手放在后面，而且很严格，有时候我稍微松下来一点点就被骂。好像要把人像模子一样刻好放在那里，这对一个孩子，尤其像我这种不能压抑自己天性的人来说，简直太痛苦了。

我没有影响学业，也没有影响别人，你为什么不能让我把手放下来？我就会做一些非常小的事情来对抗这些规定，比如做眼保健操的时候要求大家都要闭上眼睛，我就把双眼睁开，发现所有人都闭着眼睛，等大家快睁眼的时候我再赶快闭上。

2.

我是要来做演员的

肖　骁 → 虽然湉湉是一个在做选择这件事上很勇敢的人，但还是要问，如果给你一个机会改变过去的决定，可能是辞职，可能是参加了某个活动、某个工作，或者是选择不要跟某个人在一起。你会选择改变哪个决定？

范湉湉 → 基本上没有什么想要改变的决定，我脑子里瞬间闪过的只有一件事情，就是上综艺节目的时候不要口嗨。

肖　骁 → 为什么？这件事情对你的人生有什么负面的影响吗？

范湉湉 → 我不是一个喜欢接受批评的人。我可以默默无闻，我也可以不被关注，我可以不成为最闪亮的星，但是我不想被万人唾骂。我不太能够接受，虽然我知道做艺人肯定要接受这个部分。

如果我的性格是这样子的，还有必要再走下去吗？这件事情有的时候会困扰到我，所以这几年我参加的综艺节目不是特别多，话说得也比较少，因为我想避免一些批评的声音。

我当然知道人不可能永远接受夸奖，一定会有批评的声音，但我就是不想接受批评，你可以给我建议，但是你不能骂我。

肖 骁 → 你做演员也会受到别人对你演技的批评。

范湉湉 → 那不一样，演技的批评是见仁见智的，观众不会对我进行人身攻击。我接受对我演技的讨论，比如“你这里诠释得不好”“你这儿处理得不好”，都可以说。但综艺节目有的时候会进行二次剪辑，造成对所有人的伤害，我不明白这是为什么，没人得到好处，也不知道在骂谁，大家都是为了找到一个宣泄口。这确实是我个性的短板，只能这么承认。

肖 骁 → 不管是演员，戏剧，电影，还是综艺节目，从某种角度来说都是剪辑的艺术，因为没有办法把非常完整的现场或者表演一秒不剪就呈现给观众。观众的误解让大家觉得找不到出口，这是非常无可奈何的事情。这个我其实是可以理解的。

范湉湉 → 一方面我知道要接受质疑，另外一方面我又难以接受这些声音，纠结和痛苦会围绕着我。我没有选择困难症，因为我一直知道自己想要的东西是什么，我得到的东西和我失去的东西能不能达成平衡，才是我愿不愿意选择在这条路上继续走的动力。有的时候，负面情绪一定会占上风，怎么去合理分配这些感情是问题的关键，我离开综艺赛道去做演员，很多人反对。我从素人变成艺人的时候，也有很多人在反对。别人都是从艺人的角度来衡量这件事，我是用我想不想做这件事来衡量。我做综艺就是为了靠近演戏，《奇葩说》第一季最后一场，我说“我是要来做演员的”，我说得很清楚，我从来都没有改变过。

后来观众把我当成所谓的“明星”，我自己从来没这么觉得自己是明星。我讲话的腔调，我的做派，从来没有变过，只是大家看我的角度不一样。有的人会觉得“你凭什么呀？”“你以为你是谁啊？你怎么可以这样跟人家说话……”

肖　骁 → 有些光环会附加着包袱，很难有人做到拥有了艺人光环，却拒绝偶像包袱，这个可能是令大家都焦虑和矛盾的一件事情。

范湉湉 → 我因为没有什么包袱反而被骂，我平时讲话就很冲，是咄咄逼人的风格。在《奇葩说》的时候，大家都觉得我挺可爱的，做别的节目或者做点别的事情的时候，大家就会说“你以为你是谁啊，你怎么可以这样跟人家讲话？”但是我没有变过，我真的没有什么偶像包袱。

3. 独立思考和听不进去别人的劝谏是两回事儿

肖　骁 → 你觉得你是一个善于独立思考的人吗？你独处的时候会思考什么样的问题？

范湉湉 → 我非常善于独立思考。人一定要善于质疑，一旦质疑，独立思考的能力就产生了。因为我可能是天生会“say no”的人，有出自本能的自我保护和抗拒心理，面对任何一个话题或者任何一个问题的时候，我都会在内心深处先“say no”，然后再理一遍。如果对方的观点说服了我，她有理有据，在我的逻辑体系里面成立，我就不会因为自己的情绪而 say no。如果不认同对方的时候，我有两种方法：要么咱们就来辩一辩，说一说我的想法；要不然我就不说，选择闭嘴。

肖　骁 → 那比如我给你提建议：“湉湉，你可以怎么样做，你可以试着做一下。”用这个话术开头，你会比较容易接受吗？

范湉湉 → 我能接受。

肖　骁 → 我觉得独立思考和听不进去别人的劝谏是两回事。

范湉湉 → 很多时候大家都人云亦云，可能跟现在的交流方式有关。自从有了手机、有了互联网之后，我觉得全世界的人都觉得自己是专家和王者，谁都不如自己懂，其他人随便讲点什么事都想要否定。

我最初的时候也是这样，大家对权威比较认同的时候，我是那个爱质疑的人。但现在的情况是，当全世界都在提出质疑的时候，我如果不挑刺，我就不独立思考了，在这个时候我反而觉得我应该冷静地停下来听自己内心的声音。当我无法做选择、怕被裹挟的时候，我就选择“speechless”，就是不说话。你不觉得现在很多人都选择不说话了吗？

肖　骁 → 你的观点我是认可的，世界需要反对的声音。但现在有些矫枉过正，很多人为了反对而反对。为了反对而告诉大家“我的精神是独立的，我是有独立思考的能力的”，我觉得这完全是两回事。这才是真正的没有独立，没有自由意志，真正的随大流。

范湉湉 → 我觉得过分从善如流和过分挑刺，都属于随大流。现在质疑是一种风潮，这种质疑变成了主流风潮之后，你顺从大流走，不也是随大流吗？

不要故意地反对和顺从，要顺从自己的内心走，才是独立思考的精神宗旨。

肖　骁 → 当时录《奇葩说》的时候，大家觉得我们说的话很酷，觉得我们的表达方式或者思维逻辑标新立异。但我们也只是在说我们自己想说的话。我从来没有觉得我们是奇葩，如果你觉得我们说了惊人的言论，倒不如觉得我们说的是真话。

4. 放大你快乐的一面，缩小不快乐的一面

肖　骁 → 随着年龄的增长，你会不会有一些年龄焦虑或者生育焦虑？还是觉得自己这辈子一个人也可以过得很好？

范湉湉 → 我的结婚焦虑发生在二十几岁的时候，那时我特别想结婚。因为以前我们接受的教育女孩应该结婚。我越长大越明白可能自己不太适应婚姻，因为我是一个不爱妥协的人，婚姻中免不了妥协，过了那个年纪之后，这个事情已经不在我的考虑范围之内。

但从三十五岁开始，我感受到了肉体的衰老，这个才是焦虑，比如我的身体开始不如以前好了。原来一个伤口几天就好了，现在可能要一个多月才能好。以前头发多茂密啊，现在头发没这么多了。

我对婚姻没有什么畅想，我认为婚姻当中一定有好的事情，一定也有不好的事，单身也有好有不好。为什么大家总是会去放大某一部分，其实这两件事情没有什么可比性。在自己的处境中要放大快乐的那一面，缩小不快乐的一面。

肖　骁 → 你说二十多岁的时候想结婚，到了四十岁反而不想结婚。除了心境方面的变化，是否和经济独立有关？现在你自给自足，可以养活自己。

范湉湉 → 跟这些外在的东西都没有关系，只是情感的问题。物质条件和一切外界因素都没有对我的婚姻观产生影响。年轻的时候一无所有靠什么证明自己的魅力和价值？是女性魅力吗？如果我四十几岁还靠这个的话，我觉得很可笑。我现在还要需要靠女性魅力来证明我的存在感吗？这也太可笑了吧。

年轻一无所有的时候会说“谁谁谁喜欢我”。这是提升女性魅力和自我价值的方式。但过了三十岁，过了四十岁，我们有太多东西可以用来讨论女性了。有的书中提到厉害的男性企业家，会讲他的生平事迹和成功秘诀；但讲到女性企业家，书名就变成了《她的归宿是什么》，为什么我们的名字后面一定要有个“归宿”呢？我们一定要归于谁这件事情我一直觉得很可笑。

5. 生活可以随遇而安

肖　骁 → 现在有很多二十多岁、三十岁，被催婚催育催得很糟心的年轻朋友。如果他们也想过你这样独立的、不依附于别人的人生，你有没有什么建议可以告诉他们？或者你有没有什么丑话要说在前头的？

范湉湉 → 首先，我不是不婚不育的忠实战士，我人生的一切都是开放性的。只不过这事对我来说没有那么重要，结婚生孩子这件事情在我的人生中没有占这么大的比重。比如，你去菜市场买菜，你会买块肉，买主食，然后顺便买点葱姜蒜。对我来说，结婚生孩子这个事就是要不要顺便带块葱姜的事，没有那么重要。

不要把很多话题变成这么大，你就不会觉得沉重。未来我也从来没给自己套上枷锁，碰到对眼儿的，爱得不行了，死去活来的就想结婚了，也可以。

老了可能生育方面确实会受到限制，所以你刚才问我关于焦虑，我说我只有肉体焦虑。因为到了一定的时候孩子我生不出来。

打个比方，我们要是能碰到爱的人，他特别想跟你有个爱情结晶，那我们有医学手段，看看能不能去解决它，不能解决的话两个人没有孩子也许也能过一辈子。这是没办法的事，看两个人如何去面对。但还没有出现这样一个人，何必去考虑后面那些很无聊的问题呢。

肖　骁 → 我很认同湉湉对婚姻的态度，因为对我来说结婚就是两个人情到浓时的“激情犯罪”。让我为了结婚而结婚，好像我人生的目标有一项是结婚，那我真的不想结。但有一天真的遇到这样一个人，那会不会结婚呢？我也不知道。

二十多岁的小朋友问结婚焦虑要怎么解决？我只能说不要故意去做任何事情，不要刻意去做任何事情，因为当它变成你不得不做的事时，你就会用一种完成指标的态度去看这件事情。人生的一切都会变成数据。湉湉她也不是故意不结婚，就是非常随遇而安地走到了今天。

6. 在自己擅长的领域多发光发热就可以了

肖　骁 → 婚姻当中的女生也可以是独立女性。我觉得独立女性最重要的一个特质应该是精神独立，不一定非要做什么都自己来，马桶我也自己修，灯泡我也自己拧，钱我也自己赚。除了这方面的独立，精神独立是最重要的。精神独立就是不要让别人告诉你应该做什么，不要让别人告诉你什么叫作独立女性，这个才是独立女性的内核。现在大家有些矫枉过正了，好像独立女性一定要事事靠自己。

范湉湉 → 这个我是非常反对的。好像我们就没有依赖别人的权利了，好像你一旦开口说自己是独立女性，再开口跟别人说帮忙修个马桶，你就不是独立女性，你就要被批判了。

肖　骁 → 我为什么要强调这件事情？因为我不想做“独立男性”，我觉得大家不要戴着有色眼镜去评判别人的人生，为自己的选择买单就行了。

范湉湉 → “术业有专攻，闻道有先后。”我们每个人擅长的事情不一样，比如，我可以跟我的对象，讨论人生大事、我们工作的方向、对宇宙的看法，但我不会修灯泡和修马桶。

我很会做饭，很多人就说“你一个人做饭，又没有人跟你一起吃”或者是“你的厨艺没有人欣赏”。我说“这有什么可惜的，你不知道我做饭只是为给自己吃吗？因为我觉得别人做的没有我做的好吃”。我只想说，在自己擅长的领域多发光发热就可以了。

肖　骁 → 是，所以很多姐妹经常说年轻时候重点是要搞钱，你们终于想对了。我现在觉得有没有伴侣真的不是人生中最重要的。

范湉湉 → 我反对年轻女孩一味地就是为了“搞钱”。

肖　骁 → 你觉得要为了什么？为了爱情？

范湉湉 → 不是爱情，就是在年轻的时候一定要疯狂地谈恋爱。

肖　骁 → 搞事业，搞钱和谈恋爱，这两件事情不矛盾啊，你是觉得鱼和熊掌不能兼得吗？

范湉湉 → 我认为鱼和熊掌不能兼得，至少我是这么认为的。有些能力强的人确实能做到两个兼得，我掌声鼓励。但我做不到，因为年轻的时候谈恋爱你的顾虑会少嘛，到了我们这个年龄，肯定会有顾虑。第一个产生顾虑的原因就是对象变少了，我们池子里的鱼也变少了，很多人结婚了。第二个原因，你非常清楚自己的个性了，说几分钟话，你就明白对方合不合适。小的时候，你迷茫甚至很蠢，觉着谁都行，这个时候你的接受度和宽容度是最高的状态，保护度最高的时候就不停地试错，将来在你认真做选择的时候才不会走错路，不会后悔。这是我提的小小的建议，不一定适用于所有人。

7. 爱情对我来说就是一个礼物

肖　骁 → 我是这么想的，每个人情况不一样。我们人生的大部分时间可能都是一个人。如果说要谈恋爱，有人可能一辈子都活在爱情里了，可很明显我不是。爱情对我来说是一个礼物，或者一个惊喜。它对我来说就不是必需品，爱情如果来了，那感觉挺好的，就好像今天吃面突然给我加了个蛋；如果没有的话，对我来说也正常。这种心态会让我觉得爱情特别珍贵。因为我不会把它当成是人生的常态，人生没有爱情又怎么样。

我心里面有一个非常清楚的人生价值排序，先是友情，再是亲情最后是爱情。

我是把友情排第一名的。因为我觉得能陪我最久的人肯定是朋友。你会有这样的价值排序吗？

范湉湉 → 我把我自己放在第一位，其他的都得排在我后面，友情和亲情同样放在第二位，第三位是钱。爱情可能放在第四，比较后面的位置，因为确实不太重要。它曾经在我二十几岁的时候，占据了我人生的全部，很多热情已经耗光了，现在也很明白当中的套路。当然，我有的时候还是很渴望有人陪伴，偶尔会有一丝怅然若失，但人生不就是充满了怅然若失吗？所以我现在挺能接受的。

肖　骁 → 确实，我们现在看到很多朋友的公司在裁员，你会不会有类似的职业焦虑？

范湉湉 → 当然有。我有认真地思考过不干这行能干什么。重新开始打工赚钱也可以，找份坐办公室的工作也行，做自媒体也是可以的。想过很多，就是没有想过要不要结婚嫁人。

肖　骁 → 这个也是独立意志的体现，下一条路永远不是想着依靠别人，而是要自己给自己找一条活路。很多朋友在想，“我再干两年干不动了，实在不行，我就结婚吧，实在不行，我就回家吧”。

我觉得湉湉说得特别好，就是要承担这种选择背后的孤独和痛苦。我觉得我们人生所有的孤独和痛苦不是因为我们独立，而是因为我们不确定选择做得对不对。大家这么努力地生活，就是为了让这份不确定性变得淡一点。

8. 总结

希望大家在独立思考的时候不要去拒绝跟其他人沟通，你独立思考不是让你把自己活成孤岛，也不是把自己的耳朵关上只听自己的声音。最重要的一点，我和湉湉在一开始的时候就点题了，就是说没有人想被别人指手画脚。不仅仅是在网上你说过什么话，或者你对别人发表过什么样的评论，而是不要觉得别人的人生不成功。因为我觉得在过日子这件事情上，我们都直到闭眼的那一刻才能够对自己说一句，“我这辈子过得好还是不好”。不要对别人的人生指手画脚。希望到了湉湉这个年纪，我们也能够像湉湉这么的自洽，这么不焦虑，这么快乐。

BEGINNING

PART

3

上帝给你
开了一扇窗，
让你看到谷爱凌

嘉宾

柏邦妮

↙ **嘉宾：柏邦妮**

年龄 → 43 岁

职业 → 职业编剧

婚姻状况 → 未婚，想要小孩

MIX AND HIS GOOD FRIEN

0. 序言

我们这次要聊的主题是“上帝为你开了一扇窗，让你看见了谷爱凌”。我觉得谷爱凌肯定是冬奥会绕不开的现象级的话题。她不仅仅是体育明星，还成了全民偶像的代表。在谷爱凌大受关注的现象背后，到底能够看到什么？我觉得她的存在一定不像朋友圈里的一些段子，是让我们每一个平凡人变得自卑的，这不是她存在的意义。从谷爱凌身上我们可以看到很多，比如，原生家庭折射在我们身上的影子。

1.

她不是原石，是雕琢好的钻石

肖　骁 → 邦妮你会有生育焦虑吗？

柏邦妮 → 当然会有。我记得在三十三岁到四十岁之间非常焦虑，一直想要有个小孩子，在想如果没有怎么办。想到这个，我甚至还会哭出声来，看电影的时候都会哭，会一直想这个事。有的时候我会做一个梦，梦见一个小男孩，头发很黑、眼睛很亮，他在我怀里。在梦中对他的爱特别特别真实，醒过来我就要自己消化很长一段时间。

肖　骁 → 所以你不做编剧谁做编剧？做的梦都如此浪漫。我重点还是想跟你聊一下原生家庭的问题。我看谷爱凌的纪录片，最大的感受是：军功章有她妈妈的一大半。她妈妈给她的支持，至少是中等收入以上的家庭才有可能去做的事情。因为滑雪的消费非常高。我想问一下，你喜欢谷爱凌吗？

柏邦妮 → 一般，我觉得她就像一颗特别耀眼的星星，或者月亮，或者太阳，我们喜不喜欢她与她无关，她并不需要我们的喜欢，她不是“爱豆”，需要应援才能发亮。她不需要应援，她太完美、太出色、太优秀。她长得漂亮，身材好，时尚感好，又年轻。最重要的是她突破了我们的认知，让我们知道运动员不只有体能，还有非常聪明的大脑。我看她的时候，没有很强烈的喜欢的感觉，但是有很热烈地赞叹，人可以完美成这样？

肖　骁 → 你跟我想的一样，我觉得谷爱凌不需要粉丝，但是很多粉丝需要这样的谷爱凌，让大家知道一个真正的偶像或者是我们去学习的人应该是什么样的。

我在想她为什么不像其他的体育明星？为什么谷爱凌给我的感觉特别不同？我看很多运动员的访谈，或者是纪录片，会想到一句老话“梅花香自苦寒来”“宝剑锋从磨砺出”，他们特别特别苦。谷爱凌的纪录片当中也有这样的情节，比如，她在艰苦的训练过程中也受过伤，但是在绝大部分的时间，她的生活非常丰富，唱歌、跳舞、弹钢琴、踢足球、演讲、表演，甚至还涉猎时尚领域。她是个非常开心的人，不是我想象中一定要吃很多苦才能够到达顶峰的运动员。

柏邦妮 → 一些运动员，他是小地方出身，体育是一种生存选择。谷爱凌却是出身于富裕家庭的女孩，在一个富足的环境长大，她选择体育完全是兴趣和天分使然。

肖　骁 → 你说得特别好，她不是唯一一个，但是是极少数把自己的兴趣爱好变成事业，最终成了奥运冠军的女孩，而不是因为生计。

柏邦妮 → 对，她显得特别明亮。

肖　骁 → 特别明媚。我们看到她回答外国记者提问的视频，发现她逻辑清晰，对答如流。她回答的时候想到的是“我要靠我自己改变人生”“你们不喜欢我能怎么样”，她不在乎别人的看法。我想这跟原生家庭有很大关系。

柏邦妮 → 很多体育明星是一步一步成长为明星的，比如朱婷和李娜。李娜一步一步变成明星李娜。但是谷爱凌一出现就是一个成品，她就是明星谷爱凌。所以大家分外惊讶，我们看到的不是“原石”，是一个雕琢好的“钻石”。

2. 我们为什么一直在赞美她？因为她值得

肖　骁 → 我们为什么一直在赞美她？因为她值得。最能引起我强烈感受的是，她妈妈是全世界最好的妈妈，因为我在她妈妈身上看到了明媚的力量。最重要的是她妈妈区别于我们传统的父母，包括我自己的父母。谷爱凌的妈妈的教育方式不是道德绑架式的，而是非强迫式的。我父母就不一样，比如说，小时候我学任何一样东西，我妈都给我一个方向，她说我学这个东西她是花了钱的，必须给她学出成果，要么去拿个奖，要么学成我终身的技艺，再不济朋友们来我们家的时候，才艺表演得拿得出手。

她们花费的每一分教育投资一定要看到成果，如果我妈从小给我设定一个目标："你以后要去做一个滑雪冠军。"那我这一生不能再做别的事。哪怕我想去唱首歌，去跳个舞，去踢足球，我妈一定会说："这个时间你不好好去滑雪，你在干吗呢？"

有些家长对孩子的教育非常具有功利性。我觉得谷爱凌今天的成功离不开她妈，她在美国接受教育，同时也可以回到中国上学。

她取了两个国家教育的精华，人格被塑造得非常完善，知识储备得到了很好的发展。所以她走的每一步，她妈都帮她做了非常好的规划。

柏邦妮 → 我的想法跟你略有不同。我的想法非常肤浅，如果你在三岁的时候就有惊人的滑雪天分，五岁时候在比赛里总是赢，你妈妈就不会有那么苛刻的要求。因为她看到你每一步都很出色，当你有足够的正反馈给她的时候，她就不需要给你定很功利的目标了。

肖　骁 → 我家就是“伤仲永”的故事，如果我小时候就对某件事展现出惊人的天赋，有极大的兴趣，我妈可以把我所有的兴趣爱好都变得让我倍感煎熬。

柏邦妮 → 这对孩子的伤害是很大的。为什么大家对谷爱凌感兴趣？因为在这个事情上，大家都能说两句，所以变成了一个话题。有句话叫作“你的努力程度之低，根本都没有到去拼天分的那个程度”。但是，我恰恰相信另外一句话：“你的天分之低，都轮不到你拼努力。”

3. 成长是孩子的兴趣使然

肖　骁 → 大家都说谷爱凌是滑雪天才，但是我觉得，她在她妈妈的教育下，做什么事都能成。

柏邦妮 → 我的想法有点不太一样。我觉得以她这样的基因和大脑，或者这样天分，没有她妈妈的帮助也会成功。

她可能达不到现在这么高的成就，但以她的基因和能力，她绝对比一般人强。

虽然我们都会跟别人说要努力，我自己也是个非常努力的人，但我觉得天分是第一位的。

谷爱凌有极强的天分，家庭有很好的条件去栽培她。如果她遇不到这样的妈妈和这种环境，以她的天分和能力，也应该会取得很高的成就。可能成就没有现在这么高、这么准确，过程不会像现在这么不走弯路、这么快。

肖　骁 → 你说得特别对，她的人生少走了很多弯路。她们家几代人都是高级知识分子，高级知识分子家庭能够给孩子提供的不仅仅是经济上的支撑。我觉得这种家庭提供最重要的东西是格局，是一种观念和非常开明的态度。为什么我特别想强调原生家庭？很多人都会觉得我是特别爱较真，爱跟别人争论的人。但其实我是最不爱去跟人家吵的，除了在辩论节目中。

因为我在单亲家庭长大，我妈一个人带我特不容易，我妈的教育尊崇一个非常简单的原则。我妈说，“我们家什么都没有，我们家条件不好，你不要在外面惹事，有什么事你绕着走，不要去跟别人发生争执”。所以我从小到大就夹着尾巴做人。我发现一个人内心的强大和自信，是原生家庭赋能的。我在谷爱凌身上就能够看到这种自信。

柏邦妮 → 在谷爱凌这件事上，你认为她妈妈为她赋了很多能，我也觉得特别多，但是最根本的是她自己足够出色。她这个“种子”真的是太好了。

肖　骁 → 天时地利人和都有。

柏邦妮 → 所以谷爱凌一飞冲天，总的来说，这个“种子”足够出色。你说的那种妈妈是给你人生定计划的妈妈。这个妈妈是能每周开八小时车送你去学习的妈妈，这种妈妈在中国非常多，我的好朋友小的时候在徐州长大，她妈妈每周开车送她去南京学小提琴，往返需要八小时，坚持了好几年。我觉得虽然谷爱凌的妈妈非常优秀，高度特别的高，但是总的来讲，我还是认为谷爱凌这个“种子”特别出色。

肖　骁 → 中国的教育体制和父母的教育理念在进步，慢慢地向谷爱凌的妈妈靠近。我身边很多朋友已经当父母了，他们现在不再特别强调“内卷”，不互相攀比。他们现在更加注重孩子内心的成长，成长是孩子的兴趣使然。

4.

家人给我很大的自由度，我喜欢的事才能保留下来

肖　骁 → 我们如何区分孩子做一件事情是热爱还是三分钟热度？你觉得

这有区分的标准吗？

柏邦妮 → 小孩的天赋五到六岁就能看出来。我先谈谈我自己吧，我有一点小小的才能和天分，我特别喜欢阅读和写作，在很小的时候就展现出来了。比如我很小的时候就很喜欢看书，谁都打扰不了我。

肖　骁 → 这个真的是天赋，因为我看不进去书。

柏邦妮 → 孩子和孩子不一样，你有你的天赋。天赋很容易就能辨别，比如说，你的语言表达能力是天生的。同样的一件事，你说就是比别人说有意思。这个跟你的教育程度、看多少书没有关系。我小时候特别喜欢看书，特别喜欢写东西，八九岁的时候就开始写小说，写点小作文，拿去比赛得奖，这不就很容易辨别出来了吗？我觉得这个不难吧。

肖　骁 → 我觉得不一定。你以为我从小是语言能力就特别强，但是小的时候我得了市里唱歌比赛的好几届冠军。

柏邦妮 → 你的能力体现在很多面。

肖　骁 → 我也怀揣过歌手的梦想，但是如果把它当成一份职业的话就废掉了。所以我并不觉得小时候的天分能够一眼看到头。

柏邦妮 → 这就是我们俩成长路径不同所造成的不同答案了，我觉得这个很有意思，它肯定有更多的借鉴意义。其实你也很难知道什么东西最后真的成就你。比如，金星老师是专业舞者，她肯定没想过有一天她要进脱口秀这行，可能像你和金星老师这样的人，有好多项才能。

肖　骁 → 我觉得都不用去区分到底孩子是热爱还是三分钟热度，就让他自由发展。他如果要放下那就让他放下。

柏邦妮 → 对。怎么能区别他是不是三分钟热度呢？很简单，如果这孩子一年以后还是非常喜欢做这个事情，那么足以证明他不是三分钟热度。

肖　骁 → 嗯，我觉得父母如果操控不得当的话，很容易把孩子的热爱逼成三分钟热度。小朋友的热爱真的会受父母影响而消磨殆尽。小时候我一直唱歌比赛拿奖，那段时间我真是喜欢唱歌。后来我妈也不知道哪根筋不对，非要给我找老师，让我去受专业的训练。当然她可能是想要让我系统地学习，但是我越学习越对唱歌不感兴趣，到最后我直接说我不练了。

那时候唱歌训练课程一个小时课几百块钱，是一笔很大的开销。我妈就在旁边盯着我上课。中途我想上厕所，或者休息一下，我妈就会说：“一个小时的课，你这儿磨蹭一下，那儿磨蹭一下，得多少钱？这些时间可都是钱呐。”

我妈让我对这件事情完全丧失兴趣，甚至很痛恨，原生家庭让我面对唱歌时变得很紧迫，你懂吗？

柏邦妮 → 我明白，美好的东西全被扼杀。有的时候家长总说：“我的孩子就是干什么事都没有定性，三分钟热度。”家长有没有自我反思过，为什么孩子热爱的事情变成了三分钟热度？因为他们让孩子在这件事情上找不到乐趣了。比如说，我热爱阅读和写作，如果我的父母天天说：“邦妮，你今天必须一天要读完一本书，必须写一篇观后感。”在这种强制性的要求下，我会完蛋。

我觉得很幸运，我们家的教育方式就是放养。我们家里人没有管过我到底要看什么书，到底要写什么东西。家里人给了我很大的自由度。所以我喜欢做的事才能保留下来。

5. 深耕的能力会让人脱颖而出

肖　骁 → 我跟已经为人父母的朋友特别强调一件事情，我觉得在未来的社会，人的社交能力是比专业技能还重要的一种能力。因为现在人工智能技术越来越发达了，很多职业慢慢被取代，所以社交能力成了非常重要的才华。我特别喜欢看到大大方方的小朋友，他们看到大人能不露怯地打招呼，我觉得这样的小朋友特别好。我会由衷地认为，他的父母帮助他养成了一个非常乐观的态度。我想和你探讨一下，在未来的几十年，你认为小朋友们身上的哪一种才华，或者能力是最容易被看见或最容易发挥的？

柏邦妮 → 你这个话题很好。我从来没有想过这个问题，但我很认同你的观点。因为现在的自媒体时代，一个人的社交形象，社交能力在很大程度上成了个人的名片，成了推广自己的方式。比如，谷爱凌落落大方的表达和得体的形象给她加了很多分。如果她是一个性格孤僻冷漠的少女，不愿意交流，不阳光健康，她不可能获得现在这么大的流量。我觉得现在同质化特别严重，大家看同样的书，听同样的歌，看同样的电影，碎片化信息泛滥。能够耐下心来，专注深度学习的人会越来越少。

肖　骁 → 一个人能够把心静下来、不浮躁，是最重要的？

柏邦妮 → 也不完全是这样。现在能完整地看完一本书或者一部电影的人已经很少了。所以越是这样，拥有这种能力的人就越可贵。比如，从事传统手工业的人。

肖　骁 → 匠人精神。我可以理解成专注力吗？

柏邦妮 → 对，还有在某个领域深耕的能力。一个人能够深入地挖掘一件事的价值，他的思维跟别人都不一样。比如说，他看待事物的观点跟别人不一样，别人可以说他是不正确的，偏颇的，狭隘的，但他可以不去听那些声音，因为他是非常专注的和独特的。这种能力反而会让他脱颖而出。

肖　骁 → 你的观点可以理解为全才不如专才，但我不太认可。你说现在已经很少有人能静下来听完一首歌，看完一部电影，或者看完一本书。但我觉得观众有选择的权利。

比如说，你让我看完整部电影，但这部电影的开头我就不喜欢，我自己有辨别的能力，所以不会再看下去。做内容能不能在一开始留住用户，是一件非常重要的事情。

柏邦妮 → 我们想法不一样，因为我们俩从事着不同的行业。你是新媒体从业者，关注更新的东西，我所在的行业是写剧本或者拍电影，我们考虑的东西会略有不同。我举个很简单的例子，比如侯孝贤的电影《聂隐娘》，节奏非常慢，很多人都不喜欢。

它有点像古老的匠人做的一个茶杯，你可能不喜欢，但它足够独特。如果让侯孝贤这样的人去做更实心的电影是绝对不可能的，所以我们俩思考的方式会有点不一样，很多人会根据前面三分钟做出选择，但也会有很多人愿意看慢的东西。

6. 享受律动、亲近自然、亲密关系

肖　骁 → 为什么我要聊这个“上帝给你开了一扇窗，让你看到谷爱凌”的话题呢？因为我想从个人审美，小朋友专注的能力等角度的讨论，探讨出一个结果，我们到底应该着重培养小朋友哪方面的能力？

柏邦妮 → 我们的话题可以简化成：如果你有小孩，希望他长大成为什么样子的人？

肖　骁 → 为什么我一直强调我不要小孩？因为我自己是个控制欲非常强的人，我要控制身边的一切事情。如果我有个小孩，这个小孩会变得非常不幸福，因为我妈从小就控制我，我没有办法做到让我的小朋友野蛮生长。我希望他活成我想象中的样子，做我的小孩会非常悲哀，我会是非常可怕的父亲 。

柏邦妮 → 我觉得不一定，你希望你的孩子是一个什么样的小孩？你希望他有些什么样的能力？长成一个什么样的大人？首先，我希望我的孩子有结实的身体，强壮的体魄。以往有些情况，文体是分家的。很少看到一个体育天才同时也是一个文化教育程度很高的人，或者很少看到一个文化很高的人同时是体育健将。

我希望孩子有一个非常好的身体，同时能够运用自己身体，拥有非常协调的能力，享受律动，永远不为自己的身体感到羞愧和局促。因为这是我没有的，我永远不享受自己身体，永远不接受。

肖　骁 → 我觉得“享受”这个词用得非常好。对我来说，从小到大的经历让我觉得运动是用来忍受的。我妈每天早上陪我跑步让我彻底厌恶运动。

柏邦妮 → 话说回来，第一个，希望他有健康的身体。第二个，我希望孩子能够有一种跟自然相处，享受自然的能力。因为现在的小孩，玩手机和 iPad 能玩一天。很多孩子都没有光脚踩在地上，亲近自然的时刻。我希望小孩有更多的时间，能在自然环境里面玩，去爬树、爬山、爬树、下海，能和自然亲密共处。因为我也没有这个能力，又是一个我没有的才能。第三个，希望他有社交能力，能够爱别人、被别人爱、能够在一个群体里找到自己的位置、能够找到自己的伙伴。和别人建立良好的亲密关系，我觉得这个能力比什么都强。能不能建立亲密关系、并且享受它，是一个人获得幸福的基础，有这个能力才能很幸福地生活。没有这个能力，有多高天分又如何？

7. 无论遇到什么样的风浪，都能有自己的栖息之地

肖　骁 → 拥有感受爱的能力是非常重要的。我记得谷爱凌在一个采访中说："那些骂我的人，他们无法想象我每天到底感受到了多少的爱、尊重、能量。"

柏邦妮 → 言归正传，第四个，我希望我的孩子有安身立命的能力。

肖　骁 → 希望他有一技之长。

柏邦妮 → 对，无论他遇到什么样人生的风浪，能够有自己的栖息之地。拥有一种爱好我觉得就可以了。小孩做到这些已经非常难得了。

肖　骁 → 我们的父母只要求我们有第三种能力。

柏邦妮 → 我们处在一个竞争更大的世界。部分父母会认为你的生存是第一位，你找一份职业能生存下去是首要的，至于你的兴趣爱好和天分，那就再说吧。

8. 不要让孩子把所有的鸡蛋放在同一个篮子里

肖　骁 → 想和你再讨论一个问题，你会不会觉得寒门更难出贵子了？这样说不是给父母制造更多的焦虑。谷爱凌的存在不是让父母立刻逼着孩子把自己的某一个兴趣爱好发展成事业。而应该多去发掘孩子身上的可能性，不要让孩子把所有的鸡蛋放在一个篮子里，不要一条道走到底。

柏邦妮 → 我得出的结论是承认自己是凡人，能平庸过完一生不也很好吗？你已经看到太阳是那个样子的，既然他是太阳，我们是凡人，那么过平凡而快乐的一生就好了。

肖　骁 → 今天聊这么多关于谷爱凌的话题其实只是引子，我们当然希望能够教育出越来越多的谷爱凌，这样的人不仅仅在自己擅长的领域可以做到极致，更重要的是，她的内心也足够强大。我觉得相对于她发自内心的自信来说，奥运冠军都显得没有那么重要。

她说："滑雪只不过是一小部分，我还要活七十年，以后肯定要做很多事。"看到她的时候，你会期待她即将实现什么。她会解锁什么新技能。

肖　骁 → 她的经历很像一部电影，我很想知道将来她能走到哪儿。

柏邦妮 → 你好奇和期待拥有超高天赋和能力的她，人生会怎么样？

肖　骁 → 对父母来讲，难道不好奇你的孩子能够走到哪里吗？我是相信基因学的，父母的能力是可以遗传给孩子的。有些父母会把没有实现的目标强加给下一代。但孩子遗传的是父母的基因，他的能力天花板和父母差不多，既然如此父母为什么还要拔苗助长？这样孩子会很可怜。

柏邦妮 → 虽然我们的观点很多都不一样。但是我们最后达成了一个共识，就是如果要把孩子的热爱变成事业的话，这件事情让孩子自己去决定，父母不要贸然地去帮他做任何的决定。

肖　骁 → 你希望孩子有很多种能力，我觉得有一种能力其实也很重要：会选择的能力。我问他想吃什么，他不要跟我说随便，从这件事情培养起来就可以了。我觉得会选择是一件非常重要的事情。

9. 总结

为什么我们总提到原生家庭的影响？原生家庭之所以重要，是因为父母把自己身上所有的看得到的东西完整地遗传给了孩子，孩子没有听到其他人的声音，没有办法区分这些是对还是错，只知道父母的话天大地大。

“上帝给你开了一扇窗，让你看到谷爱凌”，那么我们从谷爱凌身上学习到最重要的事情是什么？

我要学到最重要的就是，她是天才，我们作为普通人不要太苛求自己，因为每个人出厂设置都是完全不同的。

我的人生还是我的人生，我会按照我的步调去走，她不会对我造成什么实质性的影响。

我特别想告诉大家，我们要把谷爱凌的经历当成一部非常好看的电影，不要试图去复制任何人的成功，每个人的出厂设置都不同。

父母不要希望自己的孩子能够成为下一个谷爱凌，我觉得人生不用设限，孩子的人生好或者是不好，让他自己去经历，因为我相信谷爱凌从小到大也没有想要成为谁。

当你不再试图让你的孩子去成为谁的时候，他就成了自己，那个“自己”往往是最珍贵的。

BEGINNING

PART

4

每一个“吗喽”都曾是“梦想家”

嘉宾

洛洛 + 小磊

嘉宾：洛洛

年龄 → 37 岁

辞职前 → 肖骁的助理

辞职后 → 手打柠檬茶店主

离职原因 → 亲人突发情况

嘉宾：小磊

年龄 → 30 岁

辞职前 → 商务

辞职后 → 经纪人

离职原因 → 和领导关系不好

MIX AND HIS GOOD FRIENI

0. 序言

今天我们要聊的就是："辞职后，你和你的梦想就职了吗？"为什么要聊这个话题呢？是因为到了招聘的高峰期，很多朋友都在考虑要不要换工作。希望大家在看到两位辞过职的朋友的观点后，能不那么迷茫。

1. 辞职是不成功便成仁的决定

肖　骁 → 我们还是想给很多年轻人一点关于辞职的建议。在辞职之前需要做哪些准备？或者说可以想裸辞就可以裸辞吗？

小　磊 → 如果你没有存款也要辞职，就得考虑自己的生活有没有压力。

简单的温饱你可以解决的话，那你想走可以走；如果你需要交房租，需要养活自己，或者还有别的一些压力的话，我觉得还是得有一定的积蓄，或者等下一份工作确定了再走。因为北京的生活成本非常的高。

肖　骁 → 所以裸辞之前要想清楚。我觉得起码要留出找下一份工作的时间，并且把这段时间的生活成本预留出来。

那洛洛你觉得呢？辞职前应做哪一方面的准备？

洛　洛 → 我跟小磊的意见是一样的。我是不同意裸辞的，因为人得活着。本身年纪大了，想事情应该比较全面。如果你年纪轻刚出校园的话，可以裸辞，因为你可以再去闯。

肖　骁 → 你们还记得辞职的那个瞬间吗？你当时辞职过程是怎么样的，是直接去找你的领导，告诉他要走还是有认真地写一份辞职信？

小　磊 → 我和领导当面发生了争执。爆发争吵的前几天，我每天默默地从工位上收点东西回去。到最后爆发的时候，桌子上已经几乎没有办公用品了，他也能感受得到，因为他坐我旁边。

肖　骁 → 你是用一种最激烈的方式说了再见。

小　磊 → 我是用非常摩羯座的方式冷战。

肖　骁 → 我觉得小磊的职业素养非常好。我觉得所有的职场人要有一个素质，就是永远不要讲上家公司和老板的坏话。洛洛，你辞职时我印象还挺深刻的。你给我发了一篇小作文。

洛　洛 → 其实我非常非常矛盾，因为我们两个人磨合了差不多两年的时间了，已经磨合得非常好了。你对我也特别好，我真的不好意思开口。我开口是因为你有一天有起床气，出通告的时候脾气非常不好。我特别委屈，一狠心，一跺脚，我就跟天虹说我要辞职。后来我和她出去吃了顿饭。她问我为什么要辞职，我说因为有自己的规划。

肖　骁 → 我对不起你，成年人的崩溃在于他老板的起床气。我自己也反省一下，下一个同事再辞职，我心里大概就有数了。我们都会觉得辞职是一个不成功便成仁的决定。如果我辞职了或者换了一个环境之后，我过得很糟糕，要不要回头？会不会让人看不起？大家可能都会有这样的困扰，洛洛有没有想过，如果你的柠檬茶店开不下去了，你要回头吗？

洛　洛 → 想过啊。生意惨淡的时候就想过。我问过自己，如果我现在开不下去了，是不是要回去？

肖　骁 → 那个时候觉得面子不重要，还是得活下去。

洛　洛 → 对，生存最重要。

肖　骁 → 小磊呢？如果你现在过得很糟糕，你还愿意回头吗？

小　磊 → 我就不好意思回头欸。当时不是风光地离开。因为我不是和平地离开，回头的话感觉像在企求别人。

肖　骁 → 你拉不下这个脸，还是觉得面子很重要，因为当时走的姿态不够好看，不够优雅，回头就变得更不优雅了。

2. 我们要抓住每一分钟、每一秒钟，活在当下

肖　骁 → 其实很多年轻人辞职可能有以下三个原因：一是把工作当跳板；二是过体验派人生，想试试不同的发展路径；三是单纯地想逃离工作，觉得压力太大了。比如老板有起床气，哈哈哈哈哈。你们觉得这三个理由，哪一个理由是最能说服自己辞职的？哪一个理由你们觉得其实可以不用辞职，可以再熬一熬？

小　磊 → 我可能会选第三个吧。感觉换了几份工作之后，好像压力来源都一样。换汤不换药。

肖　骁 → 虽然这个话听上去有点像职场 PUA，但你们会不会觉得有的时候压力不是老板给你们的，而是你对自我成长的一种要求？

小　磊 → 如果你想把工作做好，就要对自我成长有要求。

洛　洛 → 我只是想获得时间自由。如果说辞职的理由只能从这三个里面选，我可能会选工作跳板。

肖　骁 → 如果有更好的工作机会，你们还是会愿意走的？

洛　洛 → 对，那肯定是。

肖　骁 → 你们要的不是稳定，你们要的就是更快更强。我很理解。每个人寻找工作的目的不同，可能有的人是为了梦想，有的人是为了温饱，有的人是为了自我成长。你们觉得辞职之后再寻找工作，诉求会变得更明确吗？比如：我到底为了什么工作？

洛　洛 → 我的诉求就是像大家一样就是要财富自由、时间自由，能把握自己的人生。对自己宽容一点、给家人的陪伴更多一点。当时辞职没和你说，有一部分原因是我姐姐突然间离世给我的打击比较大。因为我姐姐离开时也才三十岁。前一年我外婆刚走，第二年我姐姐突然间走，她从确诊到走可能也就十几天时间。让我感觉人生无常。

肖　骁 → 我们要抓住每一分钟、每一秒钟，活在当下。

洛　洛 → 对，就是要尽快地让自己有更多的时间去做自己想做的事。也要有更多的金钱来支撑自己。

小　磊 → 我觉得我更明确自己想做的事情了。

因为上一份工作带给我比较丰富的经验，我更知道自己想做什么，想要和什么样的人一起工作。

3. 有的时候 工作满足的是赚钱之外的 其他需求

肖　骁 → 在职业选择方面，我们会考量非常多的因素。有很多人觉得大公司是好的土壤，有一些人觉得在小公司持之以恒地干，能够获得属于自己的成就感。你们觉得，要想成功是生存环境重要，还是个人的意志重要？或者说在选择职业方向这件事情上面，是要背靠大树好乘凉，还是只要做好自己，拥有意志力就能成功？

小　磊 → 我觉得人的状态和所处时间段、年龄段不同，选择就可能不太一样，我觉得人的意志大过环境，因为意志能决定你在某个环境能不能待下去或者待多久。

洛　洛 → 刚找工作的时候，我觉得好的环境很重要，因为要跳槽的话，你的履历至少是好看的。

肖　骁 → 对，如果在小公司，可能你下一份工作还没找到，上一家公司没了。

那你们现在心目当中有对标的对象吗？小磊刚才说希望能够成为下一个杨天真，洛洛你心里面有对标对象吗？

洛　洛 → 我比较坚持做健康茶饮。

如果对标的话，肯定是奶茶界的龙头老大，我也想去拿融资，也想上市，但是最核心的就是要健康。我们的柠檬茶里面不加一点糖，用的都是蜂蜜，这是我比较坚持的。

肖　骁 → 你又在无形中打广告，以后你不成功我都不信。有的人工作是为了赚钱，但是其实有些人不缺钱也很勤奋。很多运动员，比如谷爱凌，生活已经非常优渥了，还是很勤奋地做自己的事情。所以有的时候工作满足的是赚钱之外的其他需求。比如，个人梦想，成就感，或者是社交需求。你们觉得一个人的职业应该要满足人的什么需求？

小　磊 → 我觉得最初满足的可能就是生存需求，之后就看自己想要什么吧。

如果你一直做同一份工作，工作没有带给你很多的成就感，但你也能做下去，我觉得也这样可以。如果一个人到了职业瓶颈期，想换新的工作，这时成就感会更重要。

洛　洛 → 我也认为工作得满足生存需求。我室友的工作需求就是社交属性，她的消费物质欲望很低，更多的消费是在游戏方面。她的家庭条件不需要她为五斗米折腰。

对我来说，活着很重要，靠自己活着，我刚来北京的时候还要靠家里给我生活成本，之后慢慢地不需要家里给钱了。

4. 不要抱着求学者的姿态找下一份工作

肖　骁 → 你们有没有发现年纪越小的小朋友，辞起职来越果断？他们说走就走。是什么因素的影响，让小朋友越来越敢辞职？我在网上看到很多调查数据，表明现在的工作环境越来越苛刻。但为什么年轻人越来越敢辞职？为什么在他们辞职这件事上比我们勇敢得多？

小　磊 → 我们同辈的人对于啃老这件事情的感觉是羞耻的。但现在的年轻人对于啃老这件事情很认同，也敢于躺平。

肖　骁 → 不能说啃老，我们年轻的时候也接受过家里面的帮助。现在的年轻人有一个可以追求梦想的时间，如果家里面有能力的话是可以支撑他们的。

洛　洛 → 我还觉得他们把自己的情绪放在第一位，他们不愿意为难自己。

肖　骁 → 对。这是好还是不好的，其实我还蛮欣赏这种态度的。

洛　洛 → 我觉得挺好的，我们这一代人有时候挺会自虐的，明明已经很接受不了了，情绪在崩溃的边缘，但还是会因为外界的因素坚持，其实跳脱出来也就那么回事。

肖　骁 → 因为我们从小到大被教育的都是“延迟满足”。包括我们父母那一代都是“延迟满足”，他们认为很多事情你坚持一下就熬过去了。我们被教育先苦后甜。而现在的小朋友，他们从小到大接受到的教育会让他们认为，要把握当下，活在当下，及时满足。彼此接收到的信息和所受的教育已经不太一样了。对他们来说，今朝有酒今朝醉。

洛 洛 → 我觉得他们可能更明白自己想要什么。

小 磊 → 我觉得不然，我觉得他们也不清楚自己要什么，但是情绪会摆在第一位。

洛 洛 → 我觉得现在的小朋友从小就被父母领着看世界，他们知道自己有更多选择。我们是不知道有更多的选择，所以会委屈自己，但是他们没有那么多顾虑。

肖 骁 → 对，他们说走就走。我们在选择工作人员的时候，会考量应聘者年纪会不会太小，会有不确定性。这不算年龄歧视，但我们能明显感受到，当年纪小的应聘者有很多选择在自己手上的时候，他离开是一件很容易的事情。当然这是好事，我们不能在职场上束缚他们。我们在招聘的时候，会筛选简历，看我们需要什么样的人。和很多人聊完之后发现，有的人就是来体验人生的，想知道艺人的生活是什么样的，这种人我们公司一般就会拒绝。

有一类应聘者可能并没有很高的学历，但是很能吃苦，他之前负责的一些项目，会让人觉得他是一个非常懂得努力，知道劲儿往哪里使的人。我觉得这样子的人在接下来的招聘市场上应该会很受欢迎。我们不太尊崇“唯学历论”，而是比较在乎应聘者的过往经历。在招聘的时候很怕听到一句话是“我就是抱着学习的心态来的”，或者“我其实就是想体验一下”，这话听了会让人觉得很头疼。

小　磊 → 如果一个公司或者团队想招一个职场小白，可能因为小白的人工成本会比较低。但公司如果运转到快速发展的阶段，肯定想要一个有经验的人，我觉得可能阶段不一样。

肖　骁 → 所谓的职场小白，除了人工成本低，他的能力的上限也很低。所以我觉得一个人在寻找工作，或者跳槽的过程当中，抱有学习的心态是没错的，但我觉得不要抱着一种求学者的姿态去找下一份工作。

5.
赚钱
是用来生活的

肖　骁 → 你们认为现在离梦想越来越近了，还是越来越远了？我觉得有的时候盲目的辞职不会让你离你的梦想更近，相反可能会让你的人生处于停摆的状态。所以你们跟你的梦想就职了吗？或者还会辞职吗？

小　磊 → 如果我要辞职，可能是因为我的艺人要退休了。

肖　骁 → 你觉得你再辞职不会是因为你个人，可能会是公司配置的原因不得不走，而不是自己情绪的原因。

小　磊 → 对，不会再因为自己的情绪冲动地离职。

肖　骁 → 洛洛呢？如果发生不可抗力事件，你有没有其他想做的事？人生还有没有其他想实现的事情？

洛　洛 → 我会回到原来的赛道，还是想去做经纪人。

肖　骁 → 好的，我们……尽量控制一下自己，尽量让自己睡饱。最后，其实想跟所有考虑辞职的、不管是年轻还是有一定年纪的朋友说，我还是希望大家有做选择的勇气，虽然我没有办法为你的人生买单，但是当你脱离一个你自己觉得非常糟糕的工作环境，你整个人会变得鲜活。我们的生命时间有限，赚钱是用来干吗？赚钱是用来生活的。

你每天大部分时间都在工作，持续处在一种非常糟糕的状态，我觉得你是没有精力、没有能力、没有活力去过好自己的人生的，所以我希望大家有勇气辞职，但是在辞职之前，还是要给自己留足够的生活成本。因为我认为裸辞的前提是你自己的硬件足够硬。我觉得你先扪心自问一下，你是不是奇货可居？是不是离开了这份工作，外面有一百个 offer 在等着你？

6. 总结

总结今天我们讨论的结果，一是我们不鼓励盲目辞职。因为你要清楚你自己到底要什么？可能是更好的薪资，或者你想离自己的梦想更近一点。我觉得明确自己的职业赛道和阶段性的赛场是非常重要的。二是由于我们处在不同的生活环境，所以每个人对职业的需求是不一样的。这是一个非常达观的社会，你的职业选择决定了你的生活的方向和对未来的诉求，一定要清楚自己到底想要的是什么？换工作能不能够让你实现自己的目标？三是一定要提醒大家，辞职不一定能够实现人生梦想，但我觉得辞职有什么好处呢？辞职会让你知道自己不想要什么，我觉得这个也是非常珍贵的经验和财富。最后想告诉大家，实现梦想需要天时地利人和，但是所有的成功也都是事在人为的。我不知道小磊换到新的公司做经纪人会不会更好，不知道洛洛的柠檬茶店能不能成功。但是我觉得这些都算是好的开始，也许不会更好，但我觉得不会更差，这不就是一个好的结果吗？

所有的一切都是经历。人的工作本来就应该是阶段性的，我不太鼓励一个人只做一份工作，从初入社会到死。当然有些工作需要匠人精神，那是职业属性是决定的。如果人在有能力、有时间、有精力的情况下，是可以多去看看的，哪怕你辞职不仅仅是为了换工作，你甚至可以去学习，去深造自己。我们探讨的“辞职”不一定是让你摆脱一个糟糕的环境，更多的还是希望大家能够遇到一个更好的自己。